黄康俊 著

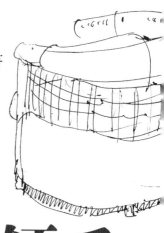

中国家具领秀
ZHONGGUO JIAJU LINGXIU
周子鹏的世界

经济管理出版社
ECONOMY & MANAGEMENT PUBLISHING HOUSE

图书在版编目（CIP）数据

中国家具领秀：周子鹏的世界/黄康俊著. —北京：
经济管理出版社，2011.5

ISBN 978-7-5096-1428-0

Ⅰ. ①中… Ⅱ. ①黄… Ⅲ. ①周子鹏—平生事迹
Ⅳ. ①K825.38

中国版本图书馆 CIP 数据核字（2011）第 089578 号

出版发行：**经济管理出版社**

北京市海淀区北蜂窝 8 号中雅大厦 11 层

电话:(010)51915602 邮编:100038

印刷：世界知识印刷厂 经销：新华书店

组稿编辑：勇 生 责任编辑：勇 生
责任印制：杨国强 责任校对：李玉敏

720mm×1000mm/16 14.25 印张 223 千字
2011 年 8 月第 1 版 2011 年 8 月第 1 次印刷

定价：48.00 元

书号：ISBN 978-7-5096-1428-0

◎（图1）2011年7月6日，周子鹏（右二）出席在中央电视台举办的"2011中国品牌年度峰会暨中国品牌联合会筹备组建仪式"，畅谈转型下的中国品牌发展之路

◎（图2）周子鹏与中央电视台节目主持人马洪涛（左一）

◎（图3）新浪网记者在金富士集团2008汶川抗震救灾大型捐款活动现场采访周子鹏，周子鹏告诉记者：看到公司员工有这样的自觉性、积极性和社会责任感，我真的感到很欣慰，这在我们企业已形成一种履行社会责任的良好风气

◎（图4）通过与团队的协调、配合、互助、共赢，周子鹏在工作和生活中激发出一种激情澎湃的因子，培植出一种"周氏团队精神"，使之成为金富士在行业内制胜的法宝之一

◎（图5）周子鹏带领斯帝罗兰设计团队参加第48届意大利米兰国际家具展，他把此行称为学习之旅、考察之旅、合作之旅

◎（图6）在各种场合，周子鹏总是不厌其烦地向他的团队强调企业家创新精神，培植企业创新因子

◎（图7）穿着时尚的周子鹏，总是乐意把自己的经营管理经验传授给全国各地的斯帝罗兰品牌专卖店店长

◎（图8）高人一头的周子鹏，总是喜欢站在团队的背后，与"拍档"（同事）一起分享胜利的喜悦

◎（图9）金富士企业十大明星之"忠诚之星"

◎（图10）周子鹏在舞台上与自编自演家具秀的斯帝罗兰员工一起举着"V"字手势，此刻，那个拥有总裁头衔的周子鹏宛若一个十分童真的孩子

◎（图11）金富士集团15周年庆典，周子鹏与他的团队齐声同唱周华健的《朋友》

◎（图12）中国名牌培育委员会主任、名牌理论权威专家艾丰来金富士研讨过后，即时为斯帝罗兰挥毫："现代时尚——赏斯帝罗兰"

◎（图13）2004年10月1日在参加中国家具行业会员代表大会时，人称"八大金刚"的业界精英相邀一起合影，旁边的"老五"说：周兄您是老大，高大靓仔，您就站中间吧。周子鹏（左三）谦逊地笑笑说：我就习惯站旁边

◎（图14）大多数时候，这两个同学加拍档，总是一左一右，形影不离，连踢足球也是一个左前锋，一个右前锋，只是李永基（前排右一）一般就像眼下一样，站在旁边，以突出主帅周子鹏（后排右一）的形象，体现出绿叶扶红花的角色

◎（图15）周子鹏大方地满足了外国客人参观金富士家具制造基地的要求，过后有人担心这样会泄露经营机密，周子鹏却说：你可以复制我的工厂，但我的人才、技术，谁也"抄"不走，而那些才是我最宝贵的

◎（图16）2007年3月，周子鹏与韩国VIP经销商共同庆祝双方合作成功

◎（图17）周子鹏与两位获得金富士金牌经销商的中外经销商代表在集团15周年庆典上

◎（图18）金富士集团一直赞助支持龙江镇超级足球联赛，冠名"斯帝罗兰杯"，这是周子鹏（中）为第三届超级足球联赛首场进行开球仪式

◎（图19）由周子鹏赞助的龙江镇一年一度的"斯帝罗兰杯"超级足球联赛，又一次被斯帝罗兰足球队夺得冠军

◎（图20）周子鹏最看重的是像这类的荣誉："世界的斯帝罗兰——热心教育事业，支持足球运动"

◎（图21）坚持就是胜利

◎（图22）金富士第七届企业运动会那天，阳光灿烂。穿着9号运动服的周子鹏，与员工一起进入决赛，1000米长跑竟然夺得了第一名。在终点线边等候的李永基，为老同学的成绩竖起了大拇指。在回答记者的采访时，周子鹏说，这都得益于我坚持多年的晨跑和踢足球

◎（图23）周子鹏为金富士第八届企业运动会获奖单位颁奖

◎（图24）周子鹏（中）畅谈创业心得：盲目创业换经验是负债

◎（图25）每逢父亲周文辉（左一）生日那天，周子鹏总是邀请国内外友人一同前来举杯畅饮，同享天伦，这其实已成为金富士颇具特色的一种企业文化

◎（图26）在庆功宴上，周子鹏邀上父亲周文辉（左一）、太太萧菲（中）一齐向中外友人敬酒答谢

◎（图27）周子鹏（左二）与太太萧菲（左一）为来自全国各地的斯帝罗兰经销商祝酒

◎（图28）"总比别人多一种主张"的周子鹏，精心策划了一个吸引全国家具行业眼球的营销事件——"赢在中国·一路有你"，事件的"主角"其实是一辆加长版悍马车

◎（图29）周子鹏巨献之："紫醉晶迷"（沙发），恍若一池秋水，如梦如幻，历经岁月砺淬，精雕细琢，显耀傲岸不羁的贵族格调，充满浪漫主义的经典色彩，犹如世家美人舒展着迷人的娇姿

◎（图30、图31）人的一生有1/3的时间在床上度过，这1/3的时间决定了人的生活质量，从而影响每个人对社会价值的创造。斯帝罗兰力作GOVERNOR（总督）深入研究现代人的睡眠习惯，结合西方睡眠科技与东方养生哲学，最先倡导"silence"（宁静）睡眠文化

◎（图32）2007年9月29日，周子鹏应邀接受佛山电视台"党的十七大专栏"的采访，周子鹏强调：做企业的人，首先要有企业家精神

◎（图33）在庆祝父亲生日的晚宴上，一家四世同堂让记者留个影。此时，已经做了10多年父亲的周子鹏，一脸灿烂地用胜利的手势扶着小儿子，护犊情深。后排站立着他的三位叔叔，他们一向支持侄儿周子鹏的事业，并引以为荣

楔子

让我们走近一个人的世界

我们正在走近一个人的世界。

这个人叫周子鹏。一个人的世界说小也小，说大也大。具体的一个人其实很渺小，但由周子鹏这个人连接起来的"世界"却是无限的大，大到我们难以走遍，而只能慢慢走近。

周子鹏自然是他的世界的王，他一直用生命的激情在主宰着自己的世界；周子鹏同时更是另一个世界——斯帝罗兰家具世界的王，他一直以专注的事业激情，享受着创造与奉献给自己带来的无限乐趣，书写着自己的一页页不同凡响的人生乐章。

这是一个有点另类的新粤商，而且还很年轻，尚未及不惑之年，一个以"时尚"著称的"70后"，却在家具世界闯荡快20年，一手培植出"中国家具十大最具影响力品牌"斯帝罗兰，成就了一个中国家具帝国——金富士集团，旗下拥有沙发、床垫、金属家具、板式家具四个现代家具制造企业。在中国家具行业中首个倡导"我们出售的不光是家具，更是一种生活主张"。拥有享誉全球的斯帝罗兰及C&C等六大系列品牌，成为行业经典和时尚的风向标，更

是人们"生活主张"和"生活艺术"的风向标，在中高端家具市场一骑绝尘、风靡世界。其产品覆盖了国内一、二

图 0-1 这个人称"时尚先生"的周子鹏，骨子里生就一副时尚气质，他把他的金富士带进了一个全新的时尚家具世界，多年来，一直领衔中国家具行业时尚产品的最前沿

图 0-2 通过与团队的协调、配合、互助、共赢，周子鹏在工作和生活中激发出一种激情澎湃的因子，培植出一种"周氏团队精神"，使之成为金富士在行业内制胜的法宝之一

线城市，在国内开设 1100 多家品牌专卖店，其产品出口到亚、非、欧、美 100 多个国家并建立起自己的专卖店，将"中国创造"的家具大旗，插到了世界每个角落。

周子鹏痴迷于他的家具世界，他是天生的家具设计大师。他无须经过所谓系统的专业院校教育，却是多家大专院校的客座教授，是斯帝罗兰首席设计师，为中国家具界设计的顶尖高手，满脑子都是一款款新鲜、热辣的"家具"。由其独家建立的家具产品研发中心，每设计一款新产品，几乎都在中国家具业中引起一股模仿、跟风的潮流，被抄袭假冒，以致成为行业的一种"怪现象"，更是"害"得斯帝罗兰一年到头疲于与他人维权打官司。

周子鹏最大的爱好是踢足球，除了做家具，踢足球几乎成了他的"专业"，要知道，他不是一般的"球迷"，而是一个执著于自己上场的足球队员。他从 11 岁起就爱上了踢足球，花了数百万元在自己的工厂兴建了两个"专业"足球场，在企业设立足球俱乐部和少年足球队，每个星期自己至少上场参加两场足球比赛。他为所在的龙江镇常设"斯帝罗兰杯"足球赛，他刻意把龙江镇办成"中国足球名镇"。他的另一个身份是龙江镇足协主席，他以一股热烈的激情来对待自己的事业和人生，从而创造出一个充满激情的团队。在足球赛场上，周子鹏只是一个球员，一个永远穿着 9 号球衣的前锋，是团队中的一分子；在金富士集团，他虽是掌握帅印，却不以帅居，而是与众"同事"一起合作的成员，是一个永远打扮时尚却脚踏实地做事、爱唱谭咏麟《成功需苦干》而胼手胝足体验的实干家。

周子鹏把自己在足球场上的竞技激情，带进了金富士，带动了金富士人以同样的激情投入自己的事业，从而形成了一种周子鹏个人特有的"气场"，这种气场成了金富士人的精神旗帜，让其所有成员在任何场合做任何事情，都积极向上，充满激情，充满阳光，体现时尚，造就出一种独特的金富士企业文化。可以说，周子鹏不仅是金富士的企业领袖，更是金富士人的精神领袖。一支优秀的团队，一定拥有一个优秀的团队领导，领导人能力的强弱决定整个团队战斗力的强弱。拿破仑说，绵羊统率的狮子兵团战胜不了狮子统率的绵羊兵团。周子鹏便是一头出色的业界雄狮。

原创的斯帝罗兰作品已经成为一个民族时尚家具的代名词，斯帝罗兰家具成了今日国内高端家具生产的风向标，其一举手、一投足都成了人们的效仿对象，因而成就了"中国家具十大时尚品牌"、"中国十大原创设计品牌"、"中国家居业十大时尚品牌"，其企业被认定为"广东省家具行业产业设计创新研究基地"，在中国家具行业中书写了一个现代传奇。

作为"70后"新粤商，周子鹏集中了珠江三角洲年轻企业家的特质和中国企业家的优秀品质，富有创业激情和想象力，敢为人先，开放兼容，务实肯干，善于创新。他借钱创业，依靠创新抢占先机，创造了世界的多个"第一"，把一个6人的床垫小作坊，做成一个数千人的现代化家具王国，从创建中国家具制造重镇第一家品牌展示厅到全国拥有千余家品牌专卖店；从产品出口100多个国家和地区到建立品牌专卖店，再到登顶国际家具设计金奖。这也奠定了龙江镇家具在中国的霸主地位，甚至成为国人认识龙江镇的一个新的文化符号，从而在顺德龙江镇这个中国家具制造重镇众多的"星星"中跃升为一轮"月亮"，而为"众星捧月"。

这是一轮值得我们期待和仰望的"明月"。

诚然，这不仅仅是一个人的世界……

第一章

与生俱来的商品意识

1971 年 9 月 26 日，也就是农历八月初八，一个俗称大吉大利的日子，周子鹏出生于广东省顺德市龙江镇西溪村。

这儿是珠江三角洲腹地，称"围田古平原"。独特的地理区位和自然条件，使其在历史上就是我国商品经济发达地区，也是近代工业出现较早的地区之一。自明、清以来，这儿的乡民就注意结合本地条件和市场需求，积极开发获利较多的经济作物生产，桑基鱼塘、蔗基鱼塘等便是突出的表现形式，曾创造了"一船蚕丝去，一船白银回"的经济奇迹。明清时期成为"四方商贾云集之地，六合堂奥之区"。1915 年，龙江人薛广森成功试制出第一台中国人自己生产的柴油机，成就了一个国家的机轴先模和著名实业家，影响和推动了民族机械工业发展的进程。改革开放后，龙江又成就了"中国家具制造重镇"、"中国家具材料之都"、"中国塑料建材产业之都"等集群产业品牌。这些都为龙江人引以为荣且津津乐道。

生于斯长于斯的周子鹏，深得故乡重工善商文明的浸润，商品意识与生俱来，这也让他的童年过早地打上了"挣钱"的烙印。这也就注定了日后周子鹏在经商的本事上，要比同代人更胜一筹，以至于尽管是做家具，也能做得比别人更加出色。

这完全是一种天分使然。

图 1-1　早在 3500 年前的商朝，龙江便开始孕育文明。这儿是中国桑基鱼塘的发祥地，曾创造了"一船蚕丝去，一船白银回"的经济奇迹。改革开放后，又成就了"中国家具制造重镇"、"中国家具材料之都"、"中国塑料建材产业之都"等集群产业品牌。流淌在周子鹏身上的龙江人的精血，正是这块风水宝地传承下来的自强不息、开拓进取、敢为人先精神的写照

　　水乡的孩子爱玩水，善捕鱼。3 岁的小子鹏，已是村里同辈孩子中游泳最出色的了。他家南侧的小河流，他可以用潜泳一口气就泅渡过去，连爷爷这样的游泳好手都追不上。他整日跟着爷爷在河里放帘网打鱼，只是那时没有自由市场，打上的鱼只能自己吃，不能卖。10 岁时，周子鹏学到的一手钓鱼技术，已经很出众了，钓回的鱼，常常吃不完，他便想到卖给本村人换点钱。但其他小朋友却认为这样做很"丑"，不肯撕破面子去"卖鱼"。小子鹏还懂得与人"合作"，邀上小伙伴冯仔，钓鱼上街"卖"，以挣更多的钱。他们钓的大多是一两斤重一条的鲩鱼，开始是每条卖得三四角钱，后来发觉太便宜了，便不卖给本村人了，偷偷拿到墟市上卖，每条能卖到一元多钱，多几倍呢。大人们见这个小泥猴这么懂得做"生意"，都夸十分了得，日后一定会赚大钱。

　　上学读到初二时，这个 14 岁的少年懂事了，认为钓鱼的水面大都是属于集体的，自己钓鱼来卖不太好，就不肯去了。但他很快便发觉，出租台

图 1-2　周子鹏家的西面，是龙江的名山锦屏山。千年名寺紫云阁依偎锦屏，襟系珠水，山龙相照，为生生不竭之福地。紫云阁始建于汉晋年间，为著名宗教活动场所，也是开放的公众活动场所。每天晨练者、旅游观光者络绎不绝。每逢正月二十六观音开库的民间节日，香客达十万之多。周子鹏每天早上都喜欢从这儿登山晨练

球桌也能挣钱，于是，自己找来木头木板，又锯又刨，做成了一张台球桌，摆到家门口南面的榕树下，开始租给本村人，按每个钟头一角钱计，一天下来，也能挣到一元几角钱。

　　其实，作为家里唯一的男孩，平日的零花钱，若是伸手向父母要，父母总是肯给的，但从 11 岁开始，已经进入"叛逆"期的周子鹏，便觉得自己是"大人"了，不该还像小孩那样依赖父母，要自己挣钱才好，所以 11 岁时的周子鹏，已看不起那些只懂得伸着长手向父母死气白赖要钱的小同伴。也是从这个时候起，周子鹏有了很强的理财观念，那就是把挣来的钱，放到一只瓷猪钱罐里，积攒起来，以备日后"做大事"时使用。

　　周子鹏属猪，他说自己的吉祥物是猪，在选择"扑满"（存钱罐）时，就选了个只有一个入钱口的小瓷猪来存钱，因为当时还不像现在可以把零钱存到银行去，以至这个存零钱的习惯，一直沿袭下来，存满了一只瓷猪就再买回一只。"到今日，家里那只最大的瓷猪，就藏在我的大床后边，搬

都搬不动了。"周子鹏说起这些,仍然透着几许童真和自我欣赏的口气。

自发性开发自己的智慧,通过自己的勤劳,学习挣钱和攒钱,周子鹏并不是一时头脑发热,或是只凭兴致,三天打鱼,两天晒网,而是一直贯穿于整个学生时代。作为主业读书的周子鹏,其副业就是像大人一样去挣(赚)钱——他发觉卖雪条也能挣钱,每天一下课,就赶到冰淇淋店去批发雪条和冰淇淋,然后串村走巷叫卖去,也不在乎同村人或同学认得自己丢面子,他说我是去卖东西又不是去做贼,有什么可害羞的?姐姐见弟弟这么有勇气,也跟着他一起到外面卖雪条。为了扩大"经营范围",周子鹏从爸爸那儿要来一辆自行车,载上一大箱雪条,穿梭在龙江镇的大街小巷。"我踩着那部 28 寸大单车,到处去卖雪条,看着每天都有一把硬币投进瓷猪,很开心的。其实,这不是父母要我做的,是自己发自内心去做的。"周子鹏回忆说。

放暑假了,13 岁的少年这次却不去卖雪条,他觉得那样挣不了多少钱,有时保温箱没盖好,还赔过钱呢。他打听到建筑工地上要小工,工钱也比卖雪条高许多,就决定去当小工。周子鹏邀上同学小刘,找到他家做泥水工的亲戚,这才当上泥水小工。"其实暑期工有很多很自在的,我却要选择最辛苦的做,做泥水小工要抛砖、扛水泥、搅灰,还要挑砖上三四楼,上午做完,中午返来,吃着饭就累得打瞌睡,一趴下就不想起来,很累人的。我们还算是童工嘛,但别人也没管的。我觉得做最辛苦的工第一工价高,第二可以锻炼自己,因为喜欢踢足球嘛,做工能提高自己体能。"小小的周子鹏,连选择挣钱的方式也总比别人多一种想法。

无疑,从小就拥有良好的商品意识,并热衷于尝试以自己的力气去"挣钱"的做法,已注定日后周子鹏要自己做自己的老板,赚取更多的财富,以至今日成为中国家具行业新锐人物,成为领衔一个国家行业风尚的旗帜,这也是顺理成章、水到渠成之事。

第二章

那个 9 号球衣少年

盛夏，燠热。龙江西溪村头的榕树下，坐满了纳凉的人们。

河流旁那座弃置的蚕桑房，此刻却成了一群孩子玩耍的好去处——当做球场踢足球。

这段日子以来，11 岁的小子鹏不知怎么迷恋上踢足球，每天除了上学，其他时间就泡在蚕桑房里"踢波"。蚕桑房是村人早年搭建的一座跨梁无柱的大平房，是用来养蚕的，足有一个篮球场那么大。小朋友们很认真，还用竹竿在两头搭起"龙门"，照着大人踢足球的规矩，不论人多人少，总之平分成两队，互相攻守。也不需要裁判，大家公道对待，不正规的只是把篮球当成"足球"踢罢了。

然而，即使是用篮球当足球踢，少了点正规的味儿，但却一点也减少不了孩子们踢球的乐趣，小子鹏像中了魔似的对踢足球十分着迷，每天晚饭前总要母亲前来多次催叫后，才满头大汗走出蚕桑房。

接着，便是跳到河里游水，待泡到凉快了才爬上岸，松松垮垮回家去。

11 岁那年的夏季，他的兴趣随着足球一起被踢进了"龙门"，从此一发不可收拾，以至日后足球几乎成为自己终生形影相伴的"好伙伴"，再也没法淡去。说得过分点，犹如"毒瘾"，一旦染上了，就戒不掉。周子鹏染上的"足球瘾"，那时应该是简单的"贪玩"，是玩上瘾，此后再也戒不掉，但后

图 2-1　水乡龙江在水中浸润到了今天，慢慢浸染出了沧桑，也浸泡出了深度——昔日
　　　　纵横的河涌湾流，阡陌的桑基鱼塘，今日虽然还在低吟浅唱，但分明多了新世
　　　　纪特有的色彩。从金富士时代广场周子鹏办公大楼上拍摄过去，就有了这些水
　　　　乡的特有图景。周子鹏每天就这样被"水"包围着、工作着、生活着。在人们
　　　　"以水为财"的意象中，周氏独有的文化品格肯定也是与"水"分不开的

图 2-2　昔日的9号球衣少年，现在正领着斯帝罗兰少年足球队员，在正午阳光的照耀
　　　　下，大步走向球场深处

来，就绝不是"爱玩"能涵盖的了，它甚至早已远远超越了踢足球本身的意义。

并不仅仅是因为爱玩足球，初中的周子鹏未能考上当地最好的龙江中学，只因为差了几分，他被处于第二名的丰华中学录取了，但他发愤用成绩洗雪"爱玩足球"而套上的恶名，中考的优秀成绩，让他一举成为龙江中学的正取生。然而，六年的中学时光，周子鹏的体育爱好始终是独沽一味——踢足球。

"丰华中学处于一个大山坑处，有两个球场，流水冲出一片大草地，我们利用它来做球场，用竹竿搭起龙门，就有了在草地上踢球的感觉了，很过瘾的。上龙江中学后，我又结交了一批喜欢踢足球的同学，因为我有组织能力，是活跃分子，又能团结人，所以直到现在，要组织比赛，随便一call，他们就集结过来。我还比其他同学多一种'待遇'，有着数呢，就是丰华中学和龙江中学都是我母校，碰到两边高中的同学聚会，都通知我参加，其实高中我不在丰华中学，但因为一直在一起踢足球，使得两边中学的同学都把我当成他们的同学，哈哈，这都是足球惹的祸……"

周子鹏在日后忆及这段岁月时，快乐得像一个顽皮少年。

终于决定要买一只真足球，那是读初二的上半学期，组织者周子鹏发动大家，三五元凑凑合合，攒够了买一只足球的钱，然后选了一个星期天早上，坐上了开往佛山的班车。由于兴奋，前一晚周子鹏一宿没睡好。拂晓的阳光温暖地照在车窗前，此刻，倚窗而睡的 14 岁少年袒露着一脸的幸福与满足。

已经有了 4 年球龄的周子鹏，总算过上了踢真足球的瘾，这让他有了终生难忘的一次快乐记忆，也让他至今仍津津乐道："我们对足球是真的热爱，甚至很拗劲！"

有了足球，却没有统一的球衣，自然还不够体面，于是，小伙伴们又分别向父母软磨硬泡，这便有了一人一件的球衫，还统一印上号码。阳历 9 月出生的周子鹏，偏爱这个"9"字，便选了个"9 号"，从此，20 多年来，周子鹏的 9 号球衣再没有"脱"下来。

关于个人的爱好，大多数人是随着年龄的增长或环境的变化而有所改变的，这是常情，但周子鹏对踢足球的爱好，却完全是悖情，甚至是不要理由。那天，在龙江镇北江畔的斯帝罗兰足球公园，穿着9号球衣的周子鹏刚与对手竞技半场下来，满头大汗地抓起一支怡宝一饮而尽，面对笔者的疑惑，他却答非所问，但显然透露出其爱好足球竟然与后来爱好做家具是一致的心声：

"读五年级时，开始喜欢踢足球，也说不出理由，只是当时村里没什么好玩的，几个小同学踢开球了，就惯了，不踢就不舒服。那时候报纸上天天介绍广东足球'五虎将'，说矮脚虎赵达裕如何如何了得，还有梅县统治整个广东足球，我把这些文章通通剪下来，贴在一本簿上，也就是那种硬皮抄，还用现在做沙发的布面料给硬皮抄做了一个封套，很精心很爱惜的，我下次找出那个硬皮抄给你看看，用沙发布缝制成一个保护封套，很不错的。我想可能就是制作这个沙发封套硬皮抄，注定我日后做沙发吧，哈哈哈……"爱笑的周子鹏露出两排雪白的牙齿，笑声在空旷的足球场上传得很远。

这是我当时打开录音笔录下的一段话，时间是2009年8月29日晚上8点27分。

后来有一天，笔者见识了周子鹏用沙发面布包装制作的那本硬皮抄，里面贴满了一页页发黄的足球旧闻，但我最感兴趣的已不是那些有关旧闻，而是硬皮抄的沙发布封套，你知道，今日周子鹏的主业是做沙发等家具，并且已成为中国家具界的翘楚。

想想，这足球，这家具，在周子鹏的世界里，到底是什么玩意儿？

第三章

我有我梦想

1989 年那个"黑色七月",高考结束次日,周子鹏一反常态,断然拒绝了同学们相约踢球的邀请,一早起来,就踩着那辆 28 寸大单车,赶去舅舅的工厂。

凭感觉,这次高考成绩可能不够理想,昨晚他想了一晚,便有了今天这个决定:考不上重点大学,还不如赶早到社会上锻炼,然后自己创业,一边经商一边读书,做到挣钱读书两不误。

于是,他背着父母,打算先到开家具厂的舅舅那儿看看,然后听听这个儿时他认为最会赚钱的长辈的意见。

舅舅知道外甥从小天资聪慧,是家族中最会读书的小孩,一直怂恿姐姐好好栽培孩子,将来定会有大出息。当满头大汗的周子鹏把自己的想法说出来时,舅舅先是一怔,随之便是态度坚决地反对。周子鹏只好请求舅舅,在高考成绩公布前先让他在厂里打短工,要是考上,就继续读书,要不,怎么也得收留他。

在舅舅的家具厂里做了半个月工后,知道自己落榜的周子鹏,却没了伤心也没了开心。那天,负责清洁内务的周子鹏,把一壶泡好的龙井茶送到舅舅面前,像早就深思熟虑似的说:"我想和舅舅说好,眼下只是先跟您学做事,日后,我也想像舅舅一样做老板!"

　　舅舅正式地打量了外甥一眼，这才发觉，18岁的周子鹏在说这话时一脸的认真、严肃，他忽然感到这孩子一下子长大成人了，他真的有自己的想法和追求了。

　　并不是所有人都得依靠上大学才能成功，其实学历教育仅仅是人生的一个阶段，社会教育或社会实践，同样能造就出各种英才，正所谓"读万卷书，行万里路"，行路者，乃接受社会教育是也。君不见，今日的中国，少了一个大学生或学者，却多了一个杰出的家具界大家，你不得不佩服早年周子鹏对自己前途取舍的英明，同时也是对一个人成长之"条条道路通罗马"最好的诠释。

　　周子鹏人生的自我设计，其实已远远超越其本身的意义，尤其是为那些只挤一条独木桥走到底的"天之骄子"，提供了一服警醒的方剂。

　　我们要为此感谢周子鹏！

　　是的，世俗的眼光，是瞧不起眼下这个家具厂的勤杂工的。舅舅做人很严格，并不因为周子鹏是自己的外甥就对其"网开一面"，反而比对别的工人更加严厉地要求他。"既然这孩子这么早就有心要吃家具这碗饭，我就得要加倍锤打他。"舅舅在谈到今日已走向成功的周子鹏时，显然有点自得。说实话，在周子鹏迈开人生的第一步时，舅舅充当的"领入门"角色是功不可没的。

图 3-1　石江牌坊见证了周子鹏的创业维艰

　　18岁的周子鹏，成了舅舅家具厂的一名正式工人。其实，头一个半年，他只是这个"前店后厂"的一名勤杂工，工作包括清洁卫生、泡茶倒水、伴台工、搬运工等，在车间和店铺两头连着转，不分内外，不论重活、脏活，就当是自家的事情，什么都抢着做。舅舅告诫周子鹏，要学会做事就得先学会做人，教他和厂里的员工打成一片，不要倚着自己和舅舅是亲戚，就放松自己，怠慢工作，要善待一切人和事。家里离工厂虽然只有五六里路，但周子鹏每晚都留下来看守店铺，就干脆吃、住在厂里，与其他同事一起挤在简易棚的大通铺上睡觉。夏夜蚊子很多，他就摘来熏蚊树叶烧烟驱蚊，在路边搭个冲凉棚冲凉，和所有同事工友打成一片，从不喊苦喊累。这样，周子鹏每月可以拿到250元工钱。周子鹏说："工资多少，我是不在乎的，我当时就只想跟舅舅多学到一点东西，所以什么工种都试过一遍，几年下来，我对家具生产的各个环节都熟悉了，更主要的是，第四年参与生产销售管理，学会了与人打交道，懂得了讨价还价的谈判技巧，也扩大了自己的人脉关系，我对自己也越来越有信心了。"

图3-2　周子鹏对搜狐的记者说：当时舅舅告诫我，要学会做事就得先学会做人，你要和厂里的同事打成一片，不要倚着自己和舅舅是亲戚，就放松自己，怠慢工作

舅舅的家具厂是三个股东合作的，由于经营理念的分歧，两年后，先是第一个股东退股走了，又过两年，剩下的那个股东也走了，到1992年时，家具厂就归到舅舅的名下。这时，已经做了销售员的周子鹏，发觉可以改变眼下的经营模式，建议分出一个贸易公司，独立经营，把生产和销售分离开来，也就是实行公司化的运作方式，认为这样做更加有利。但舅舅考虑了很久，也没有决定。

如果当初舅舅答应周子鹏，让其经营贸易公司，那么兴许就没有后来独立创业的周子鹏；如果一开始周子鹏就只是卖家具，那么，兴许就没有后来以生产好家具为己任的周子鹏。孰福孰祸，真是世事难料。

周子鹏曾多次谈及当时的真实情形："我想让舅舅分出一个贸易部，给一个机会让我经营，我觉得自己做得来。当时厂里给我的工资已从原来的250元提到430元，我还能拿到不少的销售额提成，但这些远远不及我的目标，也就是自己有挣更多钱的野心吧。因为我这几年已有了无形资产，即我的人脉关系，我可以不用预支一分钱，就拿到很多原材料，可以赚钱给工厂。这时周围很多人都以为我是这个厂的老板，甚至连当时在另一个厂做老板的我女朋友的父亲，也就是我后来的岳父，都以为我是老板。当然我女朋友知道我只是个打工仔。凭着几年的摸索，我想帮舅舅做大，出了不少主意，比如说光靠我们的设备生产布料，每天顶多只能赚12000元左右，所以我主张到中国台湾采购布料，在福州、浙江一些下游厂加工，这样生产的布料就可以翻好多倍。但是舅舅认为这样冒险，不愿意这样做。"

走在市场前沿的周子鹏，与经营相对保守的舅舅，开始在理念上产生了分歧。其实，这两年来，20岁出头的周子鹏已经长到1.8米高，体重150斤，是个身强体健的壮小伙了，他有使不完的劲，还有利用工余时间赚钱的本领——他学会了开车，白天忙着销售，同时负责把厂里加工的半成品送给周边的客户，下午下班后，便开车到广州"跑单帮"赚外快——"我一下班，就买上一包面包当晚饭，开车到广州时是晚上八九点钟，采购回一车床垫用料，返回来时晚上十二点左右，卸到铺头稍做包装（当做进口货），然后批发给龙江的几个熟客，每夜下来可赚1000元左右，这可是个不小的数目呀，做一天相当于我两个月工资啦，这样一直做了一年多，天天坚持跑广州，而且上货下货都是我一个人做，辛苦是肯定的，但做得很过瘾。现在回想起来，那个时候一是够拼搏，二是很经典，值得回味。怎么说呢？因为那是一辆载重 0.6 吨的农用车，我自己将它改装成载重 1.5 吨的，增加一倍多呢，还将原来的内胎改成真空胎。再有，这辆车时常有毛病，我那时是好车开得不多，坏车开得不少，这也锻炼出经验来了。比如遇上货车半途熄火，现在很多司机都不知道怎么处理，问我厂十个司机，肯定九个都不会。每当这时，我会自己下地推车，让车轮快速转动，一路滑到一定速度时，再攒足力气向前猛一推，然后'啪'地打开车门，迅速跳到驾驶室，一抢挡位，着火，走人！哈哈，很经典的，现在没几个人会这么做的！"

就像广东大多数"打工族"后来的出路一样，周子鹏把初期在社会上的打拼，只当做自己日后"单飞"的练习，积累了经验，下一步就准备自己创业。此刻的周子鹏已踌躇满志，定好了下一个奋斗的目标。

第四章

敢试，就有机会

　　1993 年 5 月 1 日傍晚，一家人围在一起吃饭。没有人留意到，此刻的周子鹏显得格外兴奋，他一个劲地咕噜咕噜大口喝着生力啤酒，待第二罐啤酒喝光后，父母听到儿子突然清了清嗓子，一本正经地说：

　　"爸、妈，我要出来，自己做厂！"

　　父亲周文辉望了有点陌生的儿子一眼，显然不想接这个话题。这个龙江镇粮食管理所的干部，性情平和内向，习惯按部就班地工作，一向耽于安稳的心态过日子，行动比较保守。周子鹏还在读初中时，有次曾拿父亲和几个做生意的亲戚作比较，要父亲也出来做生意赚钱。"我那时就要求父亲出来闯啦，但他比较保守，直到退休了才出来，而且只是我的帮手。"所以，父亲对着眼前 22 岁的儿子提出要自己开厂的要求，觉得那是异想天开的事，就不去答理他，自顾在一边喝他的小酒。

图 4-1　金富士床垫建厂旧址

图 4-2　第一代床垫厂旧址一角

　　图 4-1、图 4-2 是周子鹏家具革命的"根据地"，写满了创业岁月的筚路蓝缕。那天，周子鹏开着宝马带我们几位朋友穿街过巷，找到这儿来，在我们觉得有点"枯燥"地拍下几幅照片后，他自己却站在一边感叹：一下子就过去十几年了，时间过得真快。

还是娘懂儿心。母亲梅友琼听了，一脸的惊喜："是吗？鹏仔你敢自己开厂吗？"

周子鹏连连点头，做出一副信心十足的派头，深思熟虑似的把办厂的计划、步骤一口气抖了出来。

母亲添上一碗鲫鱼豆腐汤，疼爱地送到儿子面前，然后态度明朗地说："做吧，妈帮你！"

这就是母亲的个性，做事干脆利落，说一不二；对人表里如一，爱憎分明。周子鹏说对自己人生影响最大的人就是母亲。母亲柔韧的双肩和春风般自信的微笑，一直扛担着这个家庭的一切苦难，温暖着家人的身心，坚定着一家人对未来美好日子的向往与憧憬。"她很自强，甚至有男子汉的性格，我的脾性就很像她。她家兄弟姐妹8个，她是老大，自小就代替父母管带弟妹，尊老爱幼，爱家顾家，敢作敢为。她工作在龙江供销社，是售货员，人际关系很好，大家都很尊重她。她对我的管教从小就很放松，是很开明的母亲，比如我早期做台球桌收钱、卖雪条、打暑期工等，她一概支持，她说，除开违法的事不能做，什么都可以试试，要是做错了就改过来，敢做事才能有出息。"

凭着母亲的支持、父亲的不反对，周子鹏立即开始了筹划办厂的事宜。

正是"不熟悉不做"，周子鹏从几年跟随舅舅办家具厂的经历中，已熟悉了这个行业的生产经营情况，他从中发觉"捆棉"工序比较有利可图，于是，他给自己的第一步定位：办一个捆棉厂。

舅舅听说外甥要离开他，一开始还以为是开玩笑，当得知周子鹏是认真的时，便痛苦得一脸黑颜色，他心底里是舍不得放走周子鹏的，他早已发觉这个外甥有着过人的生意头脑和本事，几次在姐姐的面前夸奖过他，自己私下里也有个打算：待到日后得拿点办法留住这孩子。然而，周子鹏已经觉得自己可以独立创业，做自己的老板了，他肯定不满足于舅舅的长期"施舍"，而眼下开捆棉厂的这个项目选择，让舅舅更加掂量出这个孩子独到的经营眼光。"没错，开捆棉厂应该有得做，你要真做，舅舅还是支持你！"尽管不情愿放走周子鹏，但当周子鹏诚恳地请求舅舅借钱给他办厂时，舅舅竟然一下子就答应借给他10万元，"做这一行，10万元足够了"。

这是亲情使然，这也是英雄识英雄使然！

周子鹏"70后"的突出个性，在办厂前夕就显露得很充分，那就是做什么都追求时髦（尚）的、现代的、最好的，这个个性直至今日仍没改变。在办厂的选择上，他坚持"定位要高"和"一步到位"，是好的东西能拿就拿来，绝不搞什么"土法上马"、"节约闹革命"。因此，他一下子"狮子大开口"，要借30万元开厂。这与舅舅的经营概念，仅是在筹资办厂这一问题上，就显出很大的差别！

母亲不仅在口头上支持，而且还为儿子出面向他的几个叔叔借钱，亲友们一贯敬重母亲，大家都尽力相帮，加上周子鹏几年来打工的一点积蓄，筹集起9万元；而当时只是女朋友的父亲——将来的岳父，也看好这位年轻人的作为，乐意借给他10万元。这样，在半个月内，周子鹏便筹集到29万元，这与原先定下的数目相差无几了。

周子鹏花了9.5万元，买回一台韩国产的捆棉机，那是九成新的，却比全新的便宜了一半；又用2.5万元买了一台五菱小货车，也是旧的；再加上厂房租金和押金，总共投入了25万元，最后还剩下4万元流动资金。接下来，一个创业的行动便这样呼啦啦打响了！

这是周子鹏创业生涯中最值得纪念的日子——1993年5月18日，上午10点，在沙头村古祠堂，周子鹏的捆棉厂——家具原材料厂（没有具体名号的捆棉厂）静悄悄地开业了。没有举办仪式，也没有鲜花爆竹之类助兴，甚至没有挂上店名牌匾。古祠堂与平日不同的，只是多了一台捆棉机和6个忙碌着的年轻工人。

没谁知道，这是一个还未正式注册登记的工厂，更没谁料到，日后领航中国家具业风尚的"风向标"——威震天下的斯帝罗兰帝国将从这里崛起！

此时的周子鹏，还不满22岁。

从此，这个一直梦想自己做老板的年轻人，开始了艰难却充满激情的创业之旅。

凭什么在这么有限的条件下，这个20出头的小伙子就敢去赌自己的"青春"？今日的周子鹏回首当年勇，只是向笔者轻描淡写地吐露两个字："信誉"。

"你之前还没做过老板，也存在信誉问题吗？"

"当然，凡是做人，都有个信誉。"

周子鹏告诉笔者，他在舅舅的厂里打工时，积下了很好的人脉关系，凡是与他打过交道的人，都觉得他诚实、讲信用。做销售、做供应时，与客人有很多来往，也有很多"财"路，比如"回扣"、"茶水费"等，但周子鹏却从来不贪这些。"我连一分钱的回扣都不吃，公公道道做事，干干净净做人，这也是妈妈从小就教我的，我就认准这个。所以，不管老板或是客户，大家都信得过我。这就给我后来创业铺开了一条路子。例如，浙江湖州的供应商，一开始就给我 20 多万元铺货，给我送三次货才收第一次的钱；海绵厂的老板也大力支持，他说：后生仔，我不借给你钱，我供货给人家要每次付足款的，但你可以推到半年后才结账；而印花厂的老板更信任我：年轻人中你给我印象最好，我也乐意帮你，印花费一年结一次账就行了。就这样，凭着众人的帮助，我把 4 万元流动资金当 100 万元支使，业务顺顺当当，几个月后就赚到钱，我又敢开第二个厂了。"

图 4-3 合作伙伴——印花厂叶广成（左一）是周子鹏先生的早年至交（1993 年于广州）

图 4-4　周子鹏与合作伙伴——湖州织布厂范总（右一）于 1993 年在浙江杭州西湖

图 4-5　"一个人做事业，拥有一个好的人脉很重要。所以我说，
　　　　人际关系其实就是生产力。"周子鹏把创业初期的几位
　　　　"人脉"，作为自己的财富一直保留下来。小伙子当年的每
　　　　幅照片，都写满了一脸的真诚和情义

半年后，也就是 1993 年 12 月，赚到了第一笔钱的周子鹏，便开了第二个厂——床垫厂。

其实这也是家具产品链的一个延伸，准确点说应该算是做床垫的"两个车间"，所谓第二个厂，也同样设在那座古祠堂里面。

周子鹏把生产出来的床垫定向销往东南沿海各市，仅浙江杭州就占了40%的市场份额，当时杭州有名的解放大楼摆放的床垫竟然是"清一色"的金富士产品。十多年后我们询问个中的缘由时，自 1993 年起就从金富士拿货的杭州经销商徐宏涛是这样评价的："金富士生产的床垫不论价位、用料、做工都占有绝对的优势，成了我们当地的抢手货，我赚的第一桶金就是靠它。"

看看，这个 22 岁的小老板，创业伊始，就显示出比同龄人少有的"野心"——吃着碗里的，看着盘里的，想着田里的。半年内不仅赚了钱，还敢接着投钱再多开一个厂，而多开一个厂又同样能赚钱。按周子鹏的做法和设想，下一步就得做品牌了！

没错，1994 年新年刚过，被工厂"开门红"刺激得有几分狂热的周子鹏，乘势而上，在初春的一个下午，找到了南海富士家具厂的李姓老板，决意利用对方的牌子，合股办厂，把产品这块蛋糕做大，尽快拓宽前行的路子。

第五章

就想有自己的金字招牌

其实周子鹏与别人合作办厂，利用别人的牌子生产产品，也是出于无奈，因为自家的两个"厂"还没获得出生证——工商执照，也没有厂名商号。他知道，做产品，必须有合法经营的工厂和自主的牌子才成。这也是周子鹏最早的品牌意识，这在当时珠江三角洲众多只做产品的农民企业家中也是难能可贵的，而对于一个 22 岁的小老板来说，刚一办厂，就想以品牌立世，这点更能体现出周子鹏日后培育出"斯帝罗兰"与"C&C"两大家具品牌的执著和持之以恒。

与周子鹏合作的是南海富士床上用品公司，其厂址就设在沙头村的大戏院内。

为了能腾出手来全面管理工厂，周子鹏一开始就大胆决定使用"职业经理人"——从外面聘人来替自己管理工厂。此刻，他想到一个人。

他叫李永基，是周子鹏的同学，同龄人，比周晚生三个月，两人很投缘，从小学起就在一起玩足球，李个子矮小，一般充当守门员，而周人高马大，打前锋，二人分工明晰，一攻一守，相得益彰。高中毕业后，周到舅舅的工厂打工，而李则进了龙江镇纸箱厂，属集体职工，此时已工作了 5 年，已转正，还算吃香。但接到周子鹏的恳切相邀时，李永基在"考虑"了 10 天后，最终还是应承了下来。

"我是 1994 年 4 月 30 日进厂的,第二天是"五一"节,与员工出外烧烤的事情,记忆犹新。我作为周这方的派出厂长,管生产,对方也请了个厂长,负责管广州市场。厂里有 20 多个工人,每日一般生产 10 多张床垫,每晚十一二点后把产品装车运走。他们原是生产床上用品的,就是被子、枕头等六件套布料的,觉得与我们的床垫配在一起,也是互补,大家都有利,所以一起合作。"

李永基回忆说:"周总一开始就照顾我,给我配了一辆女式摩托车,还配上 BP 机等,这在当时是很好的了,我觉得能帮得上朋友的忙,共同将事业做大,也很值得!"

从此,周李搭配,这对铁杆兄弟便被家具事业紧紧拴在一起,甚至连同场踢足球,也是一个左前锋,一个右前锋,十多年来始终不改,配合得天衣无缝。

仅仅维持了一年半,也就是到了 1995 年 10 月,周子鹏与李姓老板合作的南海富士床垫厂,同样面临了类似早前他与舅舅合股办厂的危机,由于二者在经营管理思路上的差异,他们最终也选择了友好分手。

图 5-1 金富士第七届企业运动会那天,阳光灿烂。穿着 9 号运动服的周子鹏,与员工一起进入决赛,1000 米长跑竟然夺得了第一名。在终点线边等候的李永基,为老同学的成绩竖起了大拇指。在回答记者的采访时,周子鹏说,这都得益于我坚持多年的晨跑和踢足球

图5-2 大多数时候，这两个同学加拍档，总是一左一右，形影不离，连踢足球也是一
个左前锋，一个右前锋，只是李永基（前排右一）一般就像眼下一样，站在旁
边，以突出主帅周子鹏（后排右一）的形象，体现出绿叶扶红花的角色

　　周子鹏这样说："与人合作生产床垫时分家，是因为经营理念、价值观念不一致才发生的。对方走的路线跟我不一样，最主要的是在营销渠道、形式上不一致，他允许记账月结方式，也同意赊账，看上去赚钱，但其实账上是空的。他在 20 世纪 90 年代初已做到近亿元了，不过我却见他办公室里堆满了各种账单，外面排满人在等着向他追钱，而别人欠他的几千万元却追不回来。还有，下面的业务经理趁机卷走了公司的钱。而我主张薄利多销，资金回笼要大，流动要快，不能赊账，我觉得一手交钱、一手交货才是公道交易，不主张赊账，日后也立定主意不能赊，要不很容易对双方交易造成伤害，做不长久的。所以到现在为止，我公司都没有一分赊账。你要形成自己的一种经营风格，凡是产品质量问题，一切由本方承担，包括来回运费，但货到付款，要不，也影响业务人员的心态。怎么这么说呢？因为这钱放出去后，业务员在客户那儿收了钱回来，或伪造一张单据回来，而不是钱，但公司这么大，我们管不了这么细的。所以，我认为经营者与客户的关系越简单、越垂直、越清晰就越好。"

今日的周子鹏，谈起经营理念，尤其是在销售产品和资产管理上的认识，已有着一番刻骨铭心的经验和体会。

试图利用南海人"富士"的牌子，走进做家具品牌的行列，周子鹏的愿望却被现实撞了一下腰。正所谓"道不同，不相为谋"，二人友好分手后，周子鹏决定注册自己的公司。

于是，1996年2月，金富士实业发展有限公司成立。因为"富士"的牌子争不过来，周子鹏干脆在富士前头加上一个"金"字——以示与富士有所关联而又要做得比其更出彩、更出色，像金子一般宝贵，像金子一般诚信，像金子一般历久弥坚！

还是依靠原先那间旧祠堂，还是依靠一年多来跟随着自己的那帮兄弟，周子鹏这个家具产业新手，开始打出"金富士"这一崭新大旗，正式"赤膊"上阵了！

自此，中国的家具企业品牌家族，便多了"金富士"这一金字招牌。随后，又铸造出"斯帝罗兰"与"C&C"两个响当当的中国家具产品品牌！

这不仅是周子鹏个人的一大荣幸与福祉，同时也是国人的一大荣幸与福祉。还是依靠原先那间旧祠堂，还是依靠一年多来跟随着自己的那班兄弟，周子鹏这个家具产业新手，开始打出"金富士"这一崭新大旗，正式"赤膊"上阵了！

第六章

变则通，通则达

1995 年 10 月，南海富士床上用品公司的两个股东"分家"，作为股东之一的周子鹏，原投资 20 万元，现获得分红 190 万元账款，说是账款，是因为没有现金，只按折价分得一台货车和一台二手轿车，后经过努力，讨回了一半款项。

周子鹏利用这价值近百万元的物品，扩大了原有的捆棉厂和床垫厂的生产。

变则通，通则达。

进入 1996 年，一心主张经营品牌的周子鹏，在 1995 年注册了第一个产品品牌"金富士"后，当年连续推出了穗王、梦莎、帝家等五个品牌，并将产品定位为主要投放广东市场，决定先占领本土，后扩展外省，逐步影响全国。

周子鹏一直都是很有抱负和目标的。

1996 年阳春三月，周子鹏满面春风，奔走在龙江与乐从镇之间，他要实施自己营销的第一次革命——建立金富士乐从专卖店！

此时，与龙江一河之隔的乐从镇，从相邻的中国家具制造重镇龙江的集群经营中发现商机，利用得天独厚的地利优势，以 325 国道直穿全镇、贯通珠三角及省城广州之交通便利，很快就聚集了一大批设店专卖家具的

图 6-1　中国名牌培育委员会主任、名牌理论权威专家艾丰来金富士研讨过后，即时为
斯帝罗兰挥毫："现代时尚——赏斯帝罗兰"

图 6-2　2004 年 10 月 1 日在参加中国家具行业会员代表大会时，人称"八大金刚"的
业界精英相邀一起合影，旁边的"老五"说：周兄您是老大，高大靓仔，您就
站中间吧。周子鹏（左三）谦逊地笑笑说：我就习惯站旁边

店主，以至渐成家具商贸集镇格局。周子鹏善于捕捉商机的天赋，让他一下子就认准这是金富士产品未来销售的一个最好平台，于是，他不惜拿出一笔资金，租下了临街一处300多平方米的店面，以板式套间的装修形式，迈出了展卖金富士产品的第一步。

后来，乐从镇很快发展成为"中国家具商贸重镇"的事实，使我们不得不佩服周子鹏经营眼光的准确和超前！

这是周子鹏经营家具从生产转向营销的一次觉醒，是一次了不起的进步，在众多家具生产厂家只懂得埋头一味沉溺于做产品的时候，周子鹏从打出几个品牌同时占领市场到设立自己的专卖店，专门推销自己的产品，揳入终端市场，充分利用了全方位的销售渠道，推广了企业形象和产品形象，这确实需要一种智慧和能力。

对此，李永基是这样认为的："我们开始做自己的厂后，做得还是很开心的，每晚装车送货，第一阶段是把产品送到全省各地家具店，铺货，卖了，就补上，客户打电话过来，再送过去，结上次的账。当时做床垫的利润空间较大，即使有些店一二单货（款）收不回来，我们也有得赚。第二阶段是销到外省，他们上门要货，我们拟定一个'出厂价'销售，这个时候产品价格下降了许多，比如原先卖1000元一张床垫，这时才卖六七百元，但由于销售量大，比第一阶段总值还是有较大增长的。然而，在外省的经销商中，慢慢出现赊账的情况，因为这些经销商都不光是卖我们一家的产品，也有别的厂家供货给他们，所以他们便要降一下价，还要拖延付款时间或赊账。周总是最反对赊账的，我们宁可薄利多销，也要货到付款。而我们在乐从早先实行'专卖店'形式，专卖一家产品的尝试，也为后来在全国推广斯帝罗兰专卖店的营销，取得了宝贵的经验。"

正在床垫生意做得风生水起的当儿，不安于现状的周子鹏，又冒出了一个新的设想——进军沙发市场，与床垫生产并驾齐驱，形成差异化互补经营，逐步迈向整体家具生产企业的目标。

周子鹏做家具颇有"野心"，当他还在筹办沙发厂即华西生产厂区时就已经显露出来。那是1996年夏天，周子鹏满头大汗，开着那辆"农民车"，找到了华西管理区的负责人，说是要申请购置一块地皮，建沙发厂。管理区负责人表示支持，问要多大地方，周子鹏想也没想，就蹦出一个数字：

15亩！管理区负责人十分惊讶：这么多?！你能做得来吗？时年25岁的周子鹏，仅仅做了三年床垫，甚至还没"摸"过沙发，一下子这么大胃口，着实把人吓了一跳。管理区负责人细细打量了一下面前的这位年轻人，随即，递过一杯功夫茶，热情地鼓励他说："后生仔，你好嘢（厉害），我服了你，你要多少，我批你多少，希望你在我们这儿带个好头，大家共同致富！"

时至今日，当周子鹏谈起办华西沙发厂一事时，仍然充满着对华西管理区负责人的感激："我新建的沙发厂占地14亩，建筑面积13000平方米，当时，这儿所有的沙发厂，没有一家比我的大，他们都说我神经搭错线了，建这么大厂做什么？我花了700多万元来建这座两层的大厂房，过后还建起仓库。职工宿舍等配套设施，而且这地基是填鱼塘填出来的，花大成本啦。我这时才创业3年，1996年下半年买地、建厂房，1997年10月建好投产，一下子就达到这样的规模，自己想想都觉得胃口真的大了点。当时建厂的700多万元，全是自己积累的，一分钱都没借贷，其实我这时已还清了开厂时借的20多万元，1995年前我还买了一套新房，结了婚，花费了自己很多钱的。我只用了3年，就敢争做当地第一大沙发厂，而且凭自己的力量做成了，讲来也真有几分得意。不过，能做成这件大事，也是因为华西管理区的陈书记很开明、很支持，我要一辈子感激他。"

其实，在兴建沙发大厂之前，周子鹏已抢先在14亩工业用地的一侧搭起一幢1500平方米的铁皮屋，作为沙发加工场地。这也是为后续大厂的生产运作打下了基础。

铁皮屋阶段生产的沙发，便是今日著名品牌斯帝罗兰的滥觞，也可称之为祖师。其实，那是金富士转入这个新领域的"幼儿期"，而幼儿期的金富士沙发制作，也几乎与目前那些初涉家具领域的小厂的状况如出一辙：模仿主义。然而，周子鹏统领下的斯帝罗兰，却能在"幼儿期"仅仅晃一下脑袋，就蜕变成"少年"甚至进入了"青年期"，这便是他们的过人之处。

"开始转做沙发，没什么经验，也没有什么设计人员，最早是从市场上买回洋品牌沙发，然后拆开来，照葫芦画瓢，照着样子做，就是模仿。那时的沙发用的是木脚，在广东使用不会开裂，但进到外省，气候不同，尤其是冬天开暖气时，很容易开裂，配的木架未用就坏了，要赔钱，很麻烦。我们就想办法，后来就大胆使用不锈钢来代替，龙江地区我们是第一个想

图 6-3　1997 年的车皮车间里，其他设备已荡然无存，唯有大门上画着的一幅拟人图画，静静地诉说着产品的初始定位：阳光与活力

图 6-4　广告公司为斯帝罗兰拍摄首部品牌宣传片时颇有创意，就在周子鹏家自用的斯帝罗兰沙发上，抓拍了周氏夫妇与儿子逗乐的天伦情景，将沙发、人的关怀和艺术巧妙地融为一体（1997 年）

到这一点的，是我们的第一次技术革命，也是我们的创新，这对当时的沙发生产具有非常重大的意义，这点历史上应记上一笔的。以至日后，我们在对创新的坚持上，一直是行业内领先的。也就是说，尽管我们开始同样是模仿，但却在模仿中大胆融入改良或创新意识，不是一味跟着别人走，而是从中超越，逐步形成自己的路子，乃至成为引领行业时尚的'风向标'。这是我们与别厂不同的地方，是我们的特色。"

周子鹏也坦然承认，金富士并不是什么超天才，其一开始也如同平常小厂走的路子那样模仿过，但金富士却又有着别厂无法"模仿"的地方，那就是与生俱来的"创新"因子，即使是模仿，也要打上自己智慧的烙印。

刚刚进入 21 世纪，周子鹏就发现，时尚的人们很喜爱用布、皮相搭配，喜爱很素雅的颜色，以纯色打底，或用一两个有花的布去点缀。意识到这个市场趋势以后，周子鹏率领设计人员，马上推出了一个布皮相结合的"自由之风"沙发系列，一时间，斯帝罗兰的时尚家具产品享誉全国，疯狂的抢购潮使得产品供应多次断货。此后这种风格也成了斯帝罗兰的主流风格之一。

一直以来，斯帝罗兰每个季度都推出一系列符合国际市场潮流的新款家具，每月都要向世界各地发出数百个集装箱的产品，为全球不同民族、不同肤色的居民及近 3 亿个家庭提供时尚而舒适的生活家居搭配方案。原创作品频频在国际家具设计大赛上获奖，至今拥有奖项近 200 个。

第七章

斯帝罗兰，生活的艺术

1997 年金秋十月，周子鹏仅仅"闯荡"了 4 年的家具事业，揭开了新的一页。

座落在华西环市路的金富士家具厂，建成投产。厂址占地 14 亩，建筑面积 13000 平方米，设有两层工业厂房一座，附属 4 层工业厂房一座，还有诸如仓库、宿舍等配套设施。设立沙发加工和床垫加工两个生产厂，员工人数从原来的 130 人扩展到 270 多人，增加了一倍，成为当地规模最大的一间家具生产厂。

这是 26 岁的周子鹏创业的第二轮"级跳"，也是他进入家具行业 4 年后实施的第二次"大行动"，比一般的所谓"五年计划"还提前了一年。尔后在金富士创业 15 年周年历史回顾时，周子鹏把这一年划为"第二次创业"。

还在进军沙发领域之初，对做"牌子"情有独钟的周子鹏，首先想到要给自己的产品立起一个"品牌"。在"仿制"头一批沙发时，周子鹏发觉意大利产的沙发工艺和质量都特别好，能引领世界家具时尚潮流，于是，他决定以"借船出海"的方式，借助意大利设计资源，共同开发意大利设计品牌——斯帝罗兰。

斯帝罗兰英文名为"Steel-land"，直译是"钢地"的意思，由于它最早领导了世界钢铁质地家具的潮流，一直享誉国际市场。周子鹏并没有生搬硬套，而是根据中国市场的特点，作了改良与革新，因而，推出的金属与皮质结合的斯帝罗兰，一下子就风靡中国大陆，并从中国再次走向世界。

也就是说，从此刻开始，周子鹏拥有了第一个沙发品牌——斯帝罗兰，同时也意味着，金富士铸造"世界品牌"之旅正式开启！

次年，也就是1998年春天，周子鹏采取了一个令当地同行十分震惊的行动——同时开设两家"斯帝罗兰"产品营销展厅。

但见龙江镇大道边，龙峰酒店对面，一座名为"斯帝罗兰"的沙发展品大厅，一夜之间横空出世，引发路人投来各种惊讶的目光，纷纷进入其中浏览、观看。300多平方米的超大展厅，一时间成为龙江镇展厅之最。展厅装饰展示一派夏威夷风情：椰树、沙滩、沙发，四面背景墙是蓝天、白云与海浪、白帆，让人一瞥便顿觉心旷神怡，沙发安放在空茫辽阔的海天之间，使人坐在沙发上便心舒意展，一派闲情逸致，享受到了斯帝罗兰沙发带来的无限乐趣和闲适。

于是你认定：我要的沙发，就是这个了。

图7-1　金富士第一家展厅。别以为这个当时龙江家具第一家展厅外貌不怎么靓，从1998年的那个春天起，它可是一下子"火"了半个南中国，也从此开创了龙江当地家具生产企业新营销的先河

图7-2　第二次创业时，金富士在华西工业园的工厂，已达到了三家——沙发厂、床具厂、五金家具厂

　　这便是龙江第一家沙发大展厅——斯帝罗兰的诉求和功能：展示斯帝罗兰产品的风格，让顾客对其中的样品进行挑选、下单，然后由工厂生产供给。也就是说，这个展厅所有的产品只是样品，供订购，不出售。

　　这一开创龙江当地家具生产企业新营销先河的做法，使得斯帝罗兰新产品一问世，就打进了广州百货大厦、广州友谊商店、广州南方大厦、杭州解放大楼等，很快，在全国各地著名的大商场，都能看到斯帝罗兰的产品。

　　与此同时，在一河之隔的乐从镇，周子鹏在原来金富士床垫专卖店对面的大道边，又开设了一间1000多平方米的"斯帝罗兰"展销厅，这也成为乐从镇这个家具销售重镇最大的展厅之一，以至多年后人们还时常记得提起。乐从展厅的功能与龙江展厅有所区别，这儿展示的是产品，是出售的，不像龙江展厅展示的仅是供订购的样品，这可以让顾客一步到位，实现终端销售。由于展厅采用现代装修手法，显得高雅、豪华、时尚，使之与当地传统的家具"棚屋式卖场"有着天壤之别，让顾客途经门庭之外，便被一种新鲜、大气、堂皇的"气场"吸引进去，明知不买产品也得走进去饱一下眼福。这就对了，这就是周子鹏不惜花费力气，连续两个月内在两个镇的"十里家具长廊"挥洒"两大手笔"的初衷！

与此同时，周子鹏还做出了又一惊人之举——打响品牌宣传战，在325国道旁，也就是紧靠斯帝罗兰大展厅的地方，竖起一座30多米高的巨幅广告牌碑，将"生活的艺术——斯帝罗兰"这句广告语昭示天下。

这也是龙江镇家具企业头一个沙发品牌广告。周子鹏后来一直认为，花这12万元年费做的巨型广告，使他们能成为这方面的当地第一家，又大力宣传推广了斯帝罗兰品牌，也刺激了产品销售额，好处多多，还是值得的。

周子鹏要创建大品牌、创立百年品牌的行动，一开始就没犹豫过。他量力而行，在眼下尚没法建立自己原创产品设计队伍的情况下，他首先选择了从吸收、消化别人工艺技术到自行创造的模式入手，以在不日内建立自己的设计研发体系，形成独具一格的斯帝罗兰品牌，从而以品牌魅力征服同侪，征服消费者。

周末的一天，周子鹏带上李永基，开着那辆崭新的宝马，一路绝尘，直奔深圳，开始来"挖"人才了。

在横岗酒店，某家具厂的"放样师傅"被周子鹏的热情和诚意所打动，很快便一口应承："老板你这么后生，又这么有眼光，我跟你做就是了。"

放样，也叫开板，即是依据设计图纸的式样，进行选材开料，是家具生产的第二项重要工艺技术。"放样师傅"在接受周子鹏的聘请后，还"串通"他的老乡"画图师傅"（产品设计师）和原厂长一起，连同一条"老乡生产线"——剪、裁、缝、木工、扪皮等一组10多号人马，呼啦啦投奔到周子鹏的麾下。

这就形成了三条线——设计师、放样师、生产厂长全面、成熟、完整的设计生产体系，一举解决了生产工艺和制造过程中的头等大事，凭着收罗过来的这支行当内出色的综合团队，斯帝罗兰开始了从产品"制造"向产品"创造"的过渡。

随后，2001年4月1日，周子鹏在沙发和床垫生产体系走向成熟后，其构建一个整体家具生产基地的设想便向前迈进了一步——兴建五金家具厂，也就是配套生产沙发用的茶几等家具，这样，金富士在华西工业园的工厂，便达到了三家——沙发厂、床具厂、五金家具厂，形成产品差异化，但却是一条家具产业链式的大生产。

第八章

开创中国家具大展厅时代

广东省是中国的家具大省，产销量占全国的60%，而被命名为"中国家具制造重镇"的龙江镇家具业占全镇工业总产值的35%以上，在方圆78平方公里的土地上，集结了广东省1/4的家具企业，达到1200多家，具有非常鲜明的"集群经济"、"一镇一品"的特色。

龙江镇一桥横跨乐从，连接325国道，直抵省城广州市。乐从人也从龙江人从事家具制造的延伸产业中，以与其相邻的地利优势，很快就衍生出一个全国最大的家具销售市场——十里家具展销长廊。周子鹏同样不会放过"乐从市场"的机会，前后3年，在乐从设立了两大产品展销大厅。事后证明，其当时的举措是明智和及时的。

正是由于周子鹏善于发觉和大胆抓住商机，让他在行业内做法总是先人一步，胜人一筹。在管理好制造生产及经营好原有三大产品展厅的同时，周子鹏又凭借自己独到的眼光，很快在与乐从相接的龙江大桥南、325国道旁找到了属于自己的一块风水宝地，决定建造自己的产品大展厅和公司大本营，并将其定位为龙江地标性建筑之一，借以进一步扩大金富士营销影响和势力，同时又有助于金富士企业形象的整体塑造和提升，可谓一举多得。

这便有了"时代广场"的诞生。

1999 年，时值新旧世纪更替之际，龙江镇政府从适应本地地域经济出发，兴起一项声势浩大的"登月工程"——将龙江镇原有的"十里家私城"旧貌分 A、B 两期改造建设的工程。这个富有诗意的工程，寄托了龙江人执意营造中国家具经营规模"月亮"的理想，以完成一个区域品牌巨头的塑造，从而让全国家具产业众星捧"月"，让龙江家具"月"照天下。

国际家具产业都有一个明显的特点，那就是特别需要强大的区域优势作为支撑。从意大利的米兰——都灵家具产业区到德国的科隆家具工业区，从北欧五国到东南亚各国家具工业区，都具有非常高的产业集中区域。龙江镇的家具企业集群经营已成为中国第一，现在龙江镇政府顺应本地这一良好发展态势，积极营造自然环境优势，引导和扶持家具业这一主打经济健康发展，这是利国利民的一项"民生民心"工程，利在当代，功在千秋。

这也正是周子鹏和金富士盼望中的"及时雨"！

周子鹏决意抓住这一良机，利用"登月工程"，从培植公司形象、打造斯帝罗兰品牌和拓展产品营销空间入手，尽快把金富士推上一个新的高度。

1999 年秋，周子鹏把"时代广场"这座建筑物的打造看做是体现金富士企业精神文化与物质体系整体风貌来认真对待，他要在当地兴建一座"至少 50 年都不落后"（周子鹏语）且独具个性与魅力的建筑物，以此向南来北往的客商昭示金富士的形象与实力。周子鹏和公司管理高层袒露了他们的设想：通俗一点说，展厅便是家具的大包装，包装的好与坏，与家具的身价有着很大的区别，我们参加过很多展会，在不同档次的展厅里，同等家具产品的售价有明显的差别。在外地设展，一是时间短，二是场地有限，装饰上也不可能投入太多，所以导致产品形象上不去。现在拥有自己的地域、位置和超大型空间，在自己的展厅里装饰与展示，作用和价值将是今非昔比的，所以我们一定要好好把握机会，把时代广场建设好。

周子鹏先是找到佛山市某建筑设计公司，给出了蓝图设想和方案，对方经过多次设计，他仍然觉得与自己心目中的构想相差很远。他不厌其烦，又找到广州某知名建筑设计公司。在反复雕琢、提炼、千呼万唤之后，周子鹏心目中的"时代广场"蓝图终于艰难分娩。

这是一座富有时代感的欧派建筑，充满浓重的"高技派"现代元素，一块块不规则的铝塑板与钢合金结合而成的带着无限"锋芒"的外观，富

图 8-1 斯帝罗兰营销中心 2000 年落成，成为企业走向世界的桥梁；时代广场是中国家具界迄今为止最有"个性"的一个超大展馆，也是今日龙江镇的地标性建筑之一

图 8-2 时代广场展厅一角

图 8-3　时代广场展厅一角

图 8-4　时代广场展厅一角

有磅礴的气场和十足的动感，这与国内传统建筑一味强调的"稳重"背道而驰，体现出非常时尚的跃动和变幻，拔地而起的扛鼎雄姿给人相当大的视觉冲击，主色调的蔚蓝和衬托的银灰色彩，既摄人心魄又赏心悦目。在龙江镇十里家具长廊，雄踞国道一侧，赫然矗立如此一座庞然建筑物，乍看似有几分突兀、另类、傲慢，却分明是浑然天成，恰到好处，不经意间，已紧紧抓住了你的眼球，统摄了你的注意力，在你的脑子里立时镌刻下一副"新鲜"的形象，让你过目难忘。

不错，这就是周子鹏塑造的"时代广场"！

这也是周子鹏预设的时代广场观感效果。

时代广场建筑面积2万平方米，楼高五层，一至四层为斯帝罗兰、C&C等产品展示厅，五层为金富士集团办公区，大厦天台更是被营造为一座空中花园，体现出"虽由人作，宛如天开"的设计意境。

时代广场的诞生，斯帝罗兰产品超大卖场的诞生，宣告了我国家具生产厂家自营产品大展厅时代的到来，也同时宣告家具营销新时代的到来。

周子鹏说："自从建起时代广场，再加上把厂房扩建到鹤山沙坪之后，我们既有了很好的产品展示厅，又有了花园式现代化生产厂区，这对公司的整体形象、影响力都有很大提升，尤其是对出口很有裨益，外商来参观、考察，形象很重要。凡是来到时代广场参观的客商，来了就不想走了，他们比较过别的公司，最后还是和我们签约，此后我们接订单的成功率都非常高，因为，我们的东西真材实料，看得见摸得着，又有这么个良好的企业形象，也就是整体的品牌——包括产品品牌、企业品牌、社会品牌等，这都是吸引更多的合作者、消费者来光顾金富士的原因所在。"

所以，我们可以毫不夸张地说，时代广场这一巨擘，不仅仅是对金富士本身，而且是对中国家具展示营销的一次革命和贡献。

正是从斯帝罗兰时代广场大展厅营销革命开始，全国家具业随之进入一个"大展厅时代"，从而把我国家具营销带进一个与国际接轨的产品营销时代。

第九章

运用迂回战，创建一个家具制造王国

很难想象，已经做了 6 年家具的周子鹏，除了专注于厂里的经营管理，专攻床垫及沙发的设计、制造之外，最大的精力竟然是放在寻找和兴建做家具的场地上，即一味地选址、扩大生产制造空间。究其原因，便是原有的工厂建成后不久，就被日益扩大的生产产能所挤迫，显得场地不够。这也从另一个侧面体现了金富士家具生产发展的快速、迅猛。

时至今日，金富士家具生产厂已成为中国家具业十强企业，拥有厂房 20 万平方米，包括沙发、床垫、板式、金属、软床及卧房家具等多个系列生产厂，成为广东省最大的家具生产企业之一。然而，周子鹏还一直在为工厂场地发愁，仍然不停地在寻找。

进入 20 世纪第六个年头的金富士，旗下两大品牌斯帝罗兰沙发与金富士床垫比翼齐飞，尤其是斯帝罗兰品牌，历经两年多的市场洗礼后，已成为国内时尚沙发的抢手货，成了人见人爱的市场宠儿，"一纸风行"，供不应求。它被推出的第二年，就获得全国工商联、全国装饰业商会授予的"中国家具业（2007~2008）双年总评榜十大时尚品牌"；在 2001 年 3 月参加的第一届龙家具精品展览会中，一举夺得唯一的金奖，更是令人瞩目。

图 9-1　龙江镇每年春秋两届的"龙家具精品展览会"，总是吸引着车水马龙般的海内
　　　　外客商前来参观、洽谈

图 9-2　周子鹏在金富士集团成立 15 周年庆典上致辞：我们用 15 年的智慧和汗水，创
　　　　建出了一个家具制造王国，但我们下面要走的路更长

　　当时的龙江人一直记住这么一个镜头——金富士的沙发和床垫厂，每
天从早到晚，守候在门口等货的大货车，排成长长的车龙，总是产品刚刚

从车间生产线上下来，就被排队等候的客商抢着运走。

原有的成品仓库此时已成为"浪费"，周子鹏便把仓库改作生产车间，以在短时间内解决生产车间紧缺的难题。

为尽快扩大厂房，拓展生产空间，加快家具生产步伐，周子鹏开始四处考察选址。

由于龙江镇对家具产业实施"登月工程"，利用横穿镇内的325国道交通便利优势，沿国道至龙洲路等道路兴建高档家具商铺、会展中心和家具材料等各类大型配套设施。也就是说，把重心放在家具商铺和家具原材料市场的拓展和打造上，而龙江镇众多的家具生产厂家，在此前几轮大规模的扩建中，已将该镇的工业用地几近耗尽，要在龙江镇找地兴建新厂房已显得十分艰难。

周子鹏来到了与龙江南面一江之隔的江门市鹤山沙坪镇，该镇正在筹划一个新工业园区，这儿同样紧倚325国道，且综合配套、基础设施已成雏形，周子鹏认定这儿是自己建造整体家具生产基地的不二选择，于是，他果断地向招商部门提出：一次性购买200亩工业用地！

沙坪镇招商负责部门听了，一时感到很惊愕：我们这儿最大的一家厂也不超过60亩，你一个20岁出头的后生，用得了这么多地吗？莫不是里面有什么"想法"？就是说让周子鹏先写个详细规划报告来看看。

周子鹏谈起这次新建厂房拿地一事，至今仍充满感慨：

我当时随同几位家具生产前辈去沙坪，他们中要地最多的一位也只是要50亩，我说我要200亩，沙坪招商人员都很吃惊，推说是让我写个申请报告来。我把厂房和员工生活园区包括儿童游乐场、足球场、篮球场等配套都规划进去，因为考虑到这工业园离商住区较远，我们员工来自全国各地，我要营造一个好的工作生活环境，比如要有个幼儿园，还得配备儿童活动场所，让孩子们放学回来有个地方供他们玩耍，因为父母还没下班嘛，让员工没后顾之忧，员工才愿意跟随我们从龙江到鹤山来，在这儿扎根、安家。我们不是有钱光投资起厂，而是要考虑怎样才能吸引员工过来，包括后来我们与鹤山五小签订协议，所有金富士的员工子弟，都无条件在这个小学读书一事，都是从全局和长远来规划的。但沙坪镇政府误认我们是"圈地"，说200亩太大，他们的工业园才800亩，没这么多地方，要等待研究批准。其实这是在敷衍我们，结果只是让少数人拿到了地。我担心这样等待不知何时才批复，只好一块块高价收购人家的地皮，价钱比原来高出许多。不过，虽然投资加大了，但到头来还是拥有了自己的大生产园区。

29 岁的周子鹏，在被怀疑和不信任"婉拒"后，通过执著的"迂回战术"，不惜血本，到 2003 年 11 月 1 日，在与佛山市相邻的江门市鹤山沙坪镇，终于使一座 20 万平方米的金富士家具生产基地形成雏形。

周子鹏这一仗赢得很漂亮！同时，他也有雄心和实力向业界宣告：一个未来的中国家具制造帝国将从这儿兴起！

第十章

走不出的诱惑

周子鹏掌舵金富士的"第三次创业"，时间是从 2003 年岁末算起，也就是金富士兴建起自己庞大的家具产业园区之日。

此刻，金富士拥有自己的生产厂房 7 万平方米，展厅 7000 多平方米，家具产品范围涵盖了沙发、床垫、五金和套床等整体家具，以特许经营模式在国内开设 200 多家专卖店，共有 400 多家经销商加盟，分设四个生产厂，员工达 2000 多人，一举成为龙江家具企业的前三甲。

从这一年开始，金富士家具迈向了自己事业的新里程！

金富士的企业形象，通过"时代广场"、"鹤山金富士家具制造产业园区"以及龙江、乐从多个产品大展厅的展示及经营，已在行业内引起瞩目和广泛的关注，在社会上更是被广大消费者所认可，其影响力与日俱增。斯帝罗兰板式事业部总经理张志顺说："金富士鹤山工业园的建成，对我们整体形象和经济效益都是一次极大的提升。我们之前已有了时代广场的超大展厅，再加上这个园林式现代化工厂，尤其对出口方面有很大的帮助，对我们接单的成功率也提高许多。外商过来参观，企业形象很关键。之前的厂房不规则，用角铁搭棚、上面铺木板的车间，都不敢带人参观，现在好了，外商在龙江参观，进入我们的展厅和厂区的，最后几乎都把我们当做首选。"

图 10-1 金富士集团总部办公大楼

图 10-2 金富士生产工业园全貌

图 10-3　金富士沙发生产基地厂区一角

图 10-4　一座 20 万平方米的金富士家具生产基地初具规模

在运筹第三轮战役时，周子鹏始终坚持把斯帝罗兰品牌攻略放在第一位。他以建立产品品牌优于企业品牌和企业家品牌之上的"走对的路"原则，在企业进入新世纪，具备延伸产品价值的条件下，首先在企业内部组建了产品设计与研发机构，开始走上了品牌自主创新的新路。

直至今日，金富士产品的原创性、唯一性、标杆性，始终是其一直领衔行业风向的最值得骄傲的"灵魂"所在。

接着，凭借企业软、硬实力的提升，周子鹏在进入2004年的初春，开始发动了两轮新营销高潮。

第一轮新营销交易日：参加第十三届中国广州国际家具博览会，让斯帝罗兰之花尽情绽放，走向国际纵深舞台。

周子鹏忆述："我们在2001年3月头一次参加第一届龙家具精品展览会这样的展会，就获得了巨大成功，被授予产品设计金奖，之后经销商蜂拥而来签约，市面上斯帝罗兰十分好卖，以至生产跟不上销售。接着，经销商便叫我们不要再参展了，因为别的厂利用展会抄袭、复制我们的产品，也冲击了我们的正牌产品。所以，从第二年起，也就是2002~2003年，我们都不敢（用）再参加展会。说来也有点傻，我们当时为什么不加紧扩大生产，加强知识产权保护，以加快发展步伐？这也是我要深刻吸取的一次经营教训，即使2001~2003年，看起来发展很快，其实还没积极跟进、乘势而上、全力而为。也就是到了2004年，我们在鹤山的产业基地建起来后，产能提高了，产品档次也提高了，所以，我们才觉得要大举革新营销模式，尽快把品牌做大，把产品大量卖出去，而且还要卖个好价钱，也就是说，把斯帝罗兰做成一个国际高端家具品牌。"

这就是周子鹏让斯帝罗兰重返展会的想法。于是，斯帝罗兰便首先参加这次广州国际家具博览会，而且，此后一发不可收拾，斯帝罗兰再也没有缺席过包括广州、深圳、上海、东莞、龙江等一年一度或两度的国内知名家具博览会。

笔者有幸在2004年3月18日，参观了斯帝罗兰在广州琶洲新展馆的博览会展厅。当时，给我的第一印象是两个字：震撼！

设在博览会2D210的斯帝罗兰展厅，是周子鹏让设计团队提前花了一个多月心思设计的。主题风格时尚、现代、奢华。展厅外立面以斯帝罗兰品牌注册的天蓝色为主色调，显得高贵天成，幽深高远，给人以一种大气磅礴之感；厅内以黛黑与乳白两种色泽错落使用，配上恰如其分的浑黄或炽白的灯光，静谧地将环抱其间的一款款形态各异、器宇万千的斯帝罗兰宠儿，点缀成一幅幅或动或静的生活画卷，让人一瞥就产生一种迫切将其"占有"的非分之想。于是，你的脚步就停住了，你原来诸多的挑剔，此刻已变得"花多眼乱"或"无法抗拒"，你甚至产生全部都想拥有的贪婪，只是你不经意间已走进了斯帝罗兰"生活的艺术"之中，但直到此刻，你仍不明白：自己几时已被斯帝罗兰所俘虏、所诱惑，你再也走不出斯帝罗兰营造的"世界"……

这就是斯帝罗兰亮相第十三届广州国际家具博览会给笔者的震撼感受！

斯帝罗兰展出的精品沙发、五金家具系列产品，体现了周子鹏一向倡导的"人本主义"设计理念，独具匠心，风格迥异，或新颖时尚，或简洁质朴，或厚重经典，或婉约流畅，却尽显斯帝罗兰"这一个"的独有风韵，抢尽与会者的青睐与目光。笔者在展会的第一天，加入汹涌的人流之中，但见一整天观者如织，好评如潮。随后的四天，据称进入展厅的人数逾 3.4 万人，金富士与国内经销商签约达 24 个，与国外经销商签约达 7 个，其中中东国家占 4 个。笔者随访了一位来自浙江宁波的张姓客户，其刚刚与斯帝罗兰签订了合作意向书，看得出他仍然很兴奋，他说："我匆匆走了一圈展厅回来，觉得就这家的产品最漂亮、最抢眼。我本来是销售我们当地一家板式家具厂的产品的，这次来看家具展，发觉斯帝罗兰的软体家具这么好，我想这个品牌肯定大有前途。洽谈后，才知道斯帝罗兰一店只能卖独家产品，不能与其他产品混在一起卖，那我可能只有选择它而放弃原来的了，因为还没和家里人商量好，现在只给我签合作意向书，尽管这样，我也有收获了。"

同时，从广州国际家具博览会传来喜讯：斯帝罗兰软体家具系列获得设计铜奖、展位设计金奖和"广州国际十大家具品牌"奖。须知，大奖的评委是由德国、法国、日本等国的著名设计师和国内有关专家组成，具有绝对的权威性。

第二轮新营销高潮：举办盛大的斯帝罗兰家具文化艺术节。这是周子鹏别出心裁的一招，也成为国内家具企业自办文化艺术节的先声，其意义不言而喻。家具节的文化传承，由金富士集团员工自导自演节目与小型专业文艺团体创作的有关以"家"为主题的节目演示，在时代广场大展厅不定时举行，节目内容形式丰富多彩，通过"文化"与"艺术"的演绎，体现出斯帝罗兰家具的"精魂"，传扬了斯帝罗兰品牌文化，让更多消费者体验到斯帝罗兰品牌带来的愉悦与享受。同时，在营销上推出的"买一送一"活动，也是一次家具销售形式的创新，把在日常用品销售领域惯用的"手法"，导入家具产品中来，更是一项惠民及己的营销活动。

斯帝罗兰家具文化艺术节，从5月1日揭幕到6月30日结束，时跨"五一"和"六一"两个国际节日，其又有着另一层深远的意义。活动还延伸到全国各地的经销商那儿，反响异常热烈。文化艺术节惠及千家万户，共送出沙发布套、休闲椅、餐车、天然纯棕垫等赠品万余件，也收到了预期的满意效果。

第十一章

设计生活的高度

　　周子鹏是一个极其追求个性生活的人，其浑身上下散发着一种与众不同的新风尚，时刻袒露着独具一格的新潮品貌，"酷毙"、"另类"而且桀骜不驯，包括四季衣着修饰、平时举手投足、业余喜好品位等，又处处挥洒着对人生飞扬的激情，他把自己这些与生俱来的个人"魅力"，灌注到办企业和做产品之中，因而，在金富士的任何一个细胞里，都体现出一派浓烈的"时尚"与"激情"的完美结合。

　　与大多数家具企业初创时行走的步子相似，斯帝罗兰在形成自己的核心竞争力之前，也是注重从产品设计起步的。然而，因为周子鹏向来的"个性"，金富士侧重于产品设计的做法却是灵动和跨越式发展的，他们早期在着重健全产品设计和卖场设计的做法之后，很快就上升到生活设计或称之设计生活的高度上来。

　　也就是说，斯帝罗兰家具设计的理念依据便是设计生活，这也同样体现在其广告语的两次变化之中，即从"生活艺术——斯帝罗兰"到"一种生活主张——斯帝罗兰"。斯帝罗兰一直强调的都是"生活"，而它的使命，便是为了你家我家大家的家——为生活而设计、而衍生的！

　　因此，1996年，周子鹏便做了一件当时令同行感到不可思议的事——成立斯帝罗兰家具研发中心。这是中国民营企业最早成立的产业性家具研发中心之一,其致力于自主研发创新,承载着"振兴民族家具原创设计"
及为金富士集团创全球业内知名品牌提供核心设计理念支持的使命,也是
金富士集团通过人才嫁接合作建成的校企合作、商企联盟的综合性家具产

图 11-1　斯帝罗兰家具研发中心的研发人员在讨论设计方案

图 11-2　周子鹏带领斯帝罗兰设计团队参加第 48 届意大利米兰国际家具展,他把此行
　　　　称为学习之旅、考察之旅、合作之旅

图 11-3　2008 年 11 月，中国首部反映家具行业的电视剧《家天下》在斯帝罗兰总部举行开机仪式

学研机构。金富士拥有独立的研发大楼和近 1000 平方米的家具研发基地，联合意大利、德国、西班牙等国家和地区近 10 家具备一流设计水平的公司，配备了国际同行业先进水平的软、硬件设施，并利用全球资源和人才优势在国内建立了 3 个家具产业基地。

斯帝罗兰中国家具研发中心着重于下列领域的设计进行自主研发和创新：软体家具研发、金属材料利用、床垫睡眠测试、板式家具集成开发及环保、节能技术、新材料、工业设计等。其主要职责是研究、储备与家具行业发展密切相关的超前设计理念和人才，同时推进这些技术的产业化转化工作，形成新的市场效应，进而促进人类居家环境的改善和完美。

家具行业与高科技行业的"技术含量"相比当然较低，所以这也使得入这行的"门槛"比较低。龙江人从"文化大革命"后期，把从广州买来的沙发拆开来，在塘基上"解剖研究"，躲在蚕桑房的灯光下开料学着做，便有了日后第一张的"龙江造"。随着改革开放政策的放开，大家便"一窝蜂"开厂做家具，后来龙江镇便成了中国的"沙发之乡"。到 20 世纪 80 年代中期，龙江镇又凭借群众性地从事家具业，坐上了"全国最大家具生产基地"的交椅，以至成长为今日的"中国家具制造重镇"。但我们必须承认，由于家具的品种和款式非常多，专利保护比较难，给模仿者太多的可乘之机，所以机会主义盛行，什么产品好卖就生产什么，设计上要么靠国外厂家给些产品款式，要么看到什么款式好卖，就照搬照抄。有实力的企业斥巨资设计开发的新产品，只要在市场上有利可图，聪明的跟风者便一夜之间使之行业化，好产品总是"好景不长"。早期，一个畅销产品至少独领风骚两三年，而现在却"保鲜"不到大半年。技术克隆，抄袭成风，产品同质化、外观相似化、功能超同化的做法使企业苦不堪言，也同时导致消费者在"复印式"的家具面前无所适从。

以周子鹏的个性，做什么都要坚持"做自己"，而他的生活信念便是"时尚"与"激情"，他要为人们提供一种代表生活主流和超常规的产品，但他所热衷的"时尚"并不是那些奇形怪状、玩世不恭的货色，而是讲求产品的功能性与舒适性，执著于材质的搭配和细节的体现，做到技术与艺术的统一，传统与经典的统一，将诸多交叉学科，如人体工程学、环境保护学、材料学、心理学、美学等，融入具体的设计中。严格要求设计师不仅要具有精到的技巧，还得有独到的才能，同时还要有强烈的社会责任感、爱心和生活的激情，为产品赋予生活文化内涵并能够为消费者创造超出预期的价值，使斯帝罗兰家具尽显个性，创造出一种家具与生活、家具与自然、家具与文化、家具与人生和谐统一的居室空间，从而向消费者传递出一个个鲜活的生活主张，尽享时尚家具给生活带来的欢乐。

这也是斯帝罗兰 10 多年来一直坚守的一种成长"主张"，正是这个"主张"让斯帝罗兰成就了自己在行业中的"唯一性"。

"唯一性"也成就了斯帝罗兰这一国际品牌。

"我喜欢到处去考察，把握最时尚、最前沿的东西，从而融会贯通，化为自己的设计理念，创造出属于自己的时尚产品。如果一个星期不出门的话，我就会感到浑身不舒服。"周子鹏强调说。

"时尚"，即当时的风尚，顾名思义，就是"时间"与"崇尚"的相加，"指一定时期中社会上流行的风气和习惯"，它表现在生活中的各个领域，如衣着、饮食、起居、思想等。时尚不会自然而然形成，而是遵循"在特定时段内率先由少数人尝试、预认为后来将为社会大众所崇尚和仿效的生活样式"。追求时尚是一门"艺术"。它的至臻境界是从一波一波的时尚潮流中抽丝剥茧，萃取出本质和真义，来丰富自己的审美与品位，打造专属自己的美丽"模板"。追求时尚不在于被动的追随而在于理智而熟练的驾驭。一般来说，时尚带给人的是一种愉悦的心情和优雅、纯粹、品位与不凡的感受，赋予人们不同的气质和神韵，能体现不凡的生活品位，精致、展露个性。人类对时尚的追求，促进了人类生活的更加美好。然而，现代社会的时尚，往往需要借助商业平台，以加快传播的广度和速度。在家具时尚生成与传播方面，周子鹏带领的斯帝罗兰便是扮演了这么一个理想商业平台的角色。

如何才能把握好年轻人的心态？如何才能把握好时代的潮流？如何使时尚淋漓尽致地体现在品牌的主张上？

周子鹏认为："企业的头头首先自身就要时尚，要保持年轻的心态，要跟年轻人在一起。比如，看世界杯，女孩子看世界杯是为了看时尚的男人、看帅哥，一看到贝克汉姆的时候，不管他的球踢得好坏都会喜欢；而男人看球，更喜欢看球员技术，喜欢感受球场竞技气氛，喜欢享受其过程带来的激情和快乐。其实足球就是一种时尚，因为这样的生活方式是大家向往的。我爱好足球，现在还是公司足球队的前锋，我觉得这也是体现一个男人时尚的一面。"

联系到如何保持产品的时尚问题，周子鹏说："我在指导设计师的时候，要求他们一定要用专业的眼光、平常的心态去设计产品。设计来源于生活同时也要超越行业界限，因为我们设计的产品不仅要具有一定的个性化，而且要适应大众和时尚。"在中国家具产品创新领域有一个普遍现象：中小企业看大企业，大企业看国际潮流，而斯帝罗兰是整合全球相关行业创新潮流与自我价值相结合的集大成者，这是斯帝罗兰掌握现代大众心理需求的关键所在。

周子鹏说起这么一件事。山西某市的斯帝罗兰总经销商，销售业绩较长时间不太理想（该市的煤矿开采给城市环境带来一定影响），后来觉得做厚皮（笨重型）沙发好卖，一套可赚几千元，便极力游说公司开发厚皮沙发。但周子鹏始终不为所动，理由是这样违背斯帝罗兰的设计宗旨，而自己也没有做笨重家具产品的理念和兴趣，斯帝罗兰是专为时尚且有品位的人士服务的。

有一次周子鹏接受搜狐焦点家具频道的采访，留下这么一小段记录：

记者："在设计元素上，你们产品有什么特色？"

周子鹏："我们设计师很多的元素都来自身边的生活，来自现代人的生活习惯与见解。西班牙服装品牌 ZARA 为什么成长这么快，据我了解，他们的设计人员经常出入酒吧，在那里吸纳人们的生活概念，捕捉自己的设计元素。我们现在也是根据样板房的设计和人们生活的习惯、穿着等，还有就是在欧洲市场找到我们的创作灵感。"

记者："很多行业人士都在质疑，设计和商业销售很难平衡，这和艺术电影与商业电影一样，而斯帝罗兰在行业里是少有的在艺术与商业方面完美结合的产品，你如何理解？"

周子鹏："我们要让产品既有生活的价值又要美观实用，主要是我们按每年对人群的需求变化来设定。我们现在要把沙发做到符合人们的时尚要求，又尽可能设计出各具个性的产品，满足更多消费者的需要，而且功能非常多。"

图 11-4　2008 年 3 月，搜狐焦点频道对周子鹏现场专访直播

记者："这说明你们不仅注重设计而且非常注重实用性。"

周子鹏："必须让消费者觉得物有所值。比如我们的坐椅还可以安装遥控装置，等等。"

记者："一直以来，周总都被称为时尚人士，想请你介绍一下如何创造品牌，对'品牌'的定义如何解释？"

周子鹏："首先要有清晰的定位，服务的人群要准确。斯帝罗兰品牌所提倡的就是：从设计到取材、用料，无时无刻不在用最新的，以及用最少的成本去进行研发，从而达到一个最高的附加值。因为必须要消费者得到实惠，我的希望是'有家必有斯帝罗兰'。斯帝罗兰是家具界的'丰田'，它可以满足广大白领及中产人士的需求；而 C&C 的定位是国际顶级家具品牌，我想它就是我们家具界的'宝马'。我们将通过自身强大的产品研发优势，将商业与艺术很好地结合起来，从而为广大消费者创造具有更高附加值的家具精品。"

由于坚持"绿色设计"，制造无任何公害的好家具，2007 年，斯帝罗兰沙发、斯帝罗兰床垫同时获得"产品质量国家免检证书"，成为顺德家具企业第一家，同时也为中国家具业走向国际市场做出了好的榜样。

第十二章

让"绿色"伴你入眠

　　说实话，斯帝罗兰最令笔者肃然起敬的地方，就是它的"绿色革命"——绿色设计与绿色产品。

　　斯帝罗兰每走一步，都以爱护生活环境为行动宗旨。

　　斯帝罗兰拒绝与一切环境污染有关的材料和做法；在这儿，经营了16年的斯帝罗兰品牌环保投诉为零。

　　这首先取决于周子鹏的环保经营理念，而其积极倡导和始终坚持的"绿色设计"，则是最大的功臣。

　　"绿色设计"之风，最初兴起于西方国家，那是在20世纪六七十年代，西方经济发达国家先后受到经济危机和能源危机等一系列冲击，尤其是进入20世纪末，全球环境急剧恶化，世界各地天灾人祸频发，引起了各国政府和民众对自然生态和居家环境的高度重视，于是，"绿色设计"之风开始流行起来。然而，在我们这个发展中国家，这方面的觉醒还是比较晚的，很多人甚至认为，我们的"工业化进程"还未达到西方国家的程度，还无须强迫自己与世界同步。但在周子鹏看来，企业有责任和义务为社会负责，为人类生活负责。

　　我们无法核定金富士家具制造公司是否为国内首家实行"绿色体系"生产的企业，但金富士家具制造公司一定是绿色设计做得最好的企业之一。

要知道，金富士的"绿色设计"并非一般意义上的口号或概念，它是看得见摸得着的活生生的事实。首先，它体现在设计定位上的健康化、人

图 12-1 "绿色设计"，体现金富士健康向上的对人、对自然、对社会的关怀和责任，更体现出一个家具企业对"家"这个看似渺小却是天底下最大的社会细胞营造出的一份爱心

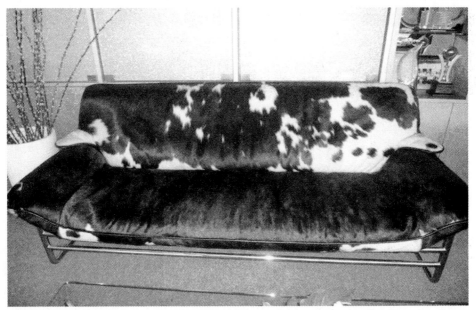

图 12-2 这款斯帝罗兰沙发，是用质感极佳的欧洲牛原生皮精巧制作而成。一直就摆在周子鹏总裁办公室里，让人坐上去就像坐在一只光滑且弹性十足的活牛背上，舒服极了，使每个来访者都免不了生出一串惊讶的话题

图 12-3 高人一头的周子鹏，总是喜欢站在团队的背后，与"拍档"（同事）一起分享胜利的喜悦

性化新理念与物质生活新主张的相融共生，它不排斥科技和现代制造工艺，相反，尽可能最大限度地利用新技术、新材料以达到设计的产品对环境最友好的关爱和体贴，体现金富士健康向上的对人、对自然、对社会的关怀和责任，更体现出一个家具企业对"家"这个看似渺小却是天底下最大的社会细胞营造出的一份爱心——家具是用来"享用"的，而这个享用首先必须保证是"绿色"的，也就是健康的。

斯帝罗兰在设计中坚守无毒、安全、健康、耐用的元素，选用的环保蜂窝板、进口皮料、成型板、油漆、胶合剂、填充物都是原产地环境与加工技术产品，其价格总要比同行业的材料高出几倍；拒绝使用珍稀动植物为产品原料，避免使用危害环境的材料和不易回收利用的材料；"绿色"纺织品面料设计则突出表现为采用天然材料。产品生产过程中力求节能、省材、无污染，这也是对社会责任的积极、主动的承担。

比如，沙发木架选用美国的橡木，经过特殊的烘干处理，其水分含量低于国际标准 12 度，再加上防虫处理。美国橡木纹理清晰、密度大、坚韧不易变形，木质稳定性较强。而一般厂家使用的都是松木或者是杂木，所以斯帝罗兰沙发的"重量"也要比一些品牌要重得多。

沙发坐包与扶手连接处，斯帝罗兰采用的是 15 厘米或 12 厘米的夹板，而一般厂家使用的是刨花复合板。夹板的特点是韧性好、不易变形，刨花板使用时间长时受潮，会变形，影响内架结构。

再如坐架面的平行结构，斯帝罗兰采用的是意大利的 INTES 品牌的超力橡筋，与美国波音客机坐椅使用的相同，再加上使用了经过二次高温处理的 80 号锰钢，S 形弹簧与超力橡筋交叉连接永久固定在木架上，保证永不变形。

就是坐垫部分，斯帝罗兰也要分为三层，底层使用永久定型聚氨酯棉（即 PU），中间使用多孔高回弹聚氨酯（特点是透气性强、吸排气回复迅速），上层使用 50 密度的高回弹海绵，根据沙发不同的风格需要，海绵表面使用天然羽绒或太空植物纤维或乳胶，从而保证沙发的舒适性和耐用性。

天然皮革历来被认为是最高贵的家具材料，它极好的透气性、冬暖夏凉的特性、耐用性和舒适性，是其他材料无法替代的。根据皮革表面所呈现的斑点、伤痕、皱纹，昆虫咬过的痕迹，纹理色泽的不同，可以辨认出动物一生的经历和皮革相应的价值。目前美洲和亚洲原皮产地主要是阿根廷、巴西以及中国、印度等地，但由于环境气候问题，中、印产地的牛皮面斑点伤痕多、虫口多，而且牛种细小，每张牛皮一般在 30~40 平方尺，利用率较低，所以斯帝罗兰不予采购。而欧洲自然生态环境保护得比较好，大部分地区是平原，草丰牛壮，皮质极佳，每张皮平均超过 50 平方尺，而皮革分别为黄牛皮、水牛皮、毛牛皮等，所以斯帝罗兰的皮料全部采用欧洲原皮，严格挑选，按不同需求，采用不同特色的皮革，制造出适用于各种风格和档次的沙发。

金富士将"绿色"融入家具设计之中，因而保证其产品在生产、流通过程中能够同时实现审美价值、生态价值与经济价值三者的和谐统一。凡是金富士生产的产品，其在材质、色彩、造型等方面都有出色的表现，从而带给现代人时尚、清新、安逸、自由、自然的唯美享受，真正把高品质的生活感受传递给每一个拥有金富士家具的人。

2007 年 12 月 14 日，在首都北京，"2007 年度产品质量国家免检颁证大会"在人民大会堂隆重召开。全国人大常委会副委员长顾秀莲、国家质检总局局长李长江等 30 多位领导出席本次颁证大会。广东金富士家具制造有限公司一举荣获沙发、床垫类两个"产品质量国家免检"称号，成为本次大会的最大赢家，这也是对金富士十几年如一日坚持"绿色设计与绿色产品"的最好肯定和奖励。

第十三章

他的智慧你永远抄不走（一）

　　每一个人的成功，似乎并不必然与学历或知识成正比，但一定取决于他是否勤于学习并善于应用所学知识。笔者接触过不少企业领导人，成功者的一个共同特点就是他们的好学。周子鹏便是其中的一位。

　　或许你会认为，周子鹏只读完高中，就出来打工了，是厌学，不爱读书吧，其实，那是周子鹏不太看重学历教育，更喜欢参与社会创造，同时受到当地浓厚的商品意识诱惑的一种"叛逆"性选择。他自小学起，学习成绩一直很好，高中考上的还是龙江最好的学校，只是高考时成绩与心目中所选的大学尚有差距，当时年轻的小伙子想得也简单，既然一时进不了名牌大学，倒不如尽快进入社会边干边学好了。于是，中国大学生在校教育名单中少了一个人的名字，却在中国经济建设大军中多了一个出色的企业家，孰福孰祸？任由评说。

　　但有一点是可以肯定的，周子鹏从小至今，都是爱学习的好学生。这点也是使他在同时代的企业家中能够如此出类拔萃的奥秘之一。

　　放下课堂上的书本，走入社会"大学"，周子鹏爱读书的嗜好让他始终与书做伴，与知识为伍，从而不断提高自己的文化、知识和智慧，以获得与时俱进的才艺和能力，走出自己成功的人生之路。在舅舅家具厂的路边沥青宿舍，一溜的大通铺，只有周子鹏的床上堆满各种书籍，而大家最常见的一个镜头是：在每晚昏黄的灯光下，那个理着平头的高个子后生，总爱趴在枕头上，抄写着什么，像是永远也写不完似的，总有那么多的东西要写。那是周子鹏在写读书笔记，或在摘录书中的名言警句，他已经抄了一本又一本，就好像他早年爱抄流行歌曲一样，尤其是对励志、启世、修身、教化、决策、治学、治民、用兵等经典警句，分门别类摘录下来，以备平时反复诵读，从而获得借鉴或启迪。当年与他一起打工的江朝才说："周总的好学是我们这代人最欠缺的，也许是他后天的勤奋好学，成就了他今日的大业，而我的才疏学浅，导致我一辈子只配打工。"

周子鹏读书是活学活用，学以致用。他把平时积累的格言名句，结合自己对人生的感悟，写作一阕《成功之路》，并书写成条幅，高高悬挂在自己办公室的墙上，以警醒和勉励自己。

欲达成功路

先不做懒人

一年计于今

一世在于勤

世上无难事

在于有信心

还得德行好

努力便成金

有谋又有勇

苦干见精神

哪怕风雨阻

功成愉身心

……

在周子鹏的多个办公室、卧室，甚至是他的座驾里，最显眼的都是他摆放和翻读的书籍。在时代广场他的总裁室，但见随手可及的书柜上，摆着各种不同类型的书籍，有关企业管理方面的《管理学概论》、《哈佛商学院MBA 总经理学》、《领导六艺》等；有关营销方面的《破解营销之谜》、《渠道冲突》、《现代企业营销管理》等；有关企业经营内务知识的《知识产权学习读本》、《合同实例说》、《现代企业财务管理》等；有关国内外经营大师的传记《杰克·韦尔奇自传》、《野蛮生长》等；更有他喜爱的《人生悟语》、《一生的忠告》等，书籍形式多样，内容宽泛，反映出他读书的繁杂和爱好的广泛，亦即博览群书，更求甚解。

图 13-1 2005 年 3 月，周子鹏在 2005 年斯帝罗兰品牌"行销中国"财富论坛上

图 13-2 金富士企业十大明星之"忠诚之星"

　　2009 年 10 月的一个傍晚，笔者与周总在他的办公室聊天，谈起最近读些什么书的话题，周总便来了精神，按捺不住地用一种非常享受的口吻说："我买了两本《野蛮生长》，一本放在办公室，一本放在睡房的床头，这本书太精彩了，我一连看了两遍，受益匪浅。随后送给李总看，李总那天跟我说，他看到流泪了，是激动的，看那种书真是一种享受。"（那是中国地产商冯仑写的一本专著，冯仑被称为地产界最有文化思辨力的一个地产商，是一个富有个性和思想性的学者型企业家）

　　接着，周子鹏又谈起了自己的另一番感想："我自认自己洞察力比较强，看东西比较深透，思维比较敏捷，这些，都应该是自己后天从书本上、从社会实践中获得的。前段时间，有个广州番禺的朋友邀我到他那儿去吃饭，也就是一次机会吧，当时因为忙，光说吃饭，我便复了信息：'收到。'对方追问：'收到？请回复来还是不来。'见他这么热情，只好应承了。到那儿后，看到他建了一座草堂，搞得很有乡村风味、文化品位，觉得他做产品、做文化后，品位更高了。我感受很深，感触也多。他通过一座草堂，带出产品品牌，带出饮食、休闲文化，而且还把它写成一本书出版，这都非常有意义。那本书我带回来，第二天早上五点半起床，坐头班飞机出差，3 个小时坐在飞机上我一口气读完了那本书，触动很大，想到我们也该如何用'草堂'引入一个家具文化，想到该怎样伸延家具的经营理念和社会价值等，反正教益是非常大的……"

　　说到这儿，性情率真的周子鹏突然站了起来，几步走向他的大班台，顺手拾起上面的一本书，打开原先折好的一页，说："我读过的书，凡是好的东西，我都会留下来的。"然后，传来他朗读上面文字的声音：

　　"这个世界还有肮脏的地方，但不应成为让自己肮脏的理由。"顿了顿，周子鹏随之解释："我想用这句话告诫大家，人要自律，不应该埋怨别人或者环境，要自己把握好自己才好。"

　　"去年我投资做了三件事情之后，今年我立定一个主意，就做一件事——这本书上就有这种讲法：'一个人围着一件事转，最后全世界都会围着你转；一个人围着全世界转，最后全世界都会抛弃你。'这些话说得很有道理，也很有哲理，说明做专做好就行，不能什么都做，然后什么都没法做好。还有这么一段话——'如果一个乞丐，打开一个水龙头，痛痛快快地饮用一番，大概不会有人去处罚他，因为自来水量太丰富了，抽取少许便可，生产业者的使命，就是要把物质变成自来水一般的无限丰富。'这就是松下公司有名的'自来水法则'。这也该是我们每一个经营企业的人需要考虑的法则，对我们有很好的参考、借鉴作用。我要抄出来，让我的同事们都知道。"

第十四章

他的智慧你永远抄不走（二）

　　周子鹏平日热爱读书学习，多年来，还坚持积极参加中山大学、华南理工大学等多家院校 EMBA 班的进修、函授或培训教育，不断丰富自己的各种专业知识。他以自己的体会教导员工：校园教育只是一个学习阶段，并不代表一个人在社会上的生存能力和工作能力，所以，我们要终生学习，除了看书学习，还得向社会学习，才能提高自己的整体素质。

　　与此同时，周子鹏还把自己爱学习的风气灌输到企业中去，从创业开始，就刻意要把金富士企业办成一个学习型、培训型企业。集团公司内部定期或不定期举行各类读书班、学习班、培训班、训练营，邀请各类专家教授前来授课，如请来著名财经培训师冯两努、著名经济学家艾丰等传授相关知识，与员工互动，或由企业各部门管理者因材施教、学以致用；或组织员工分期分批到各大专院校进修学习，配合企业需要和人才发展需要，开展常年的培训教育，让学习贯穿企业的整个运作之中，让学习成为每个员工的一种需要、一种自觉。

　　周子鹏十分重视企业的文化建设，集团内部办起了自己的报刊《金富士集团报》，成为企业联结员工的精神纽带和思想交流平台；还创办了《斯帝罗兰时尚杂志》，让人与家具共享思维盛宴，延伸一种生活艺术和主张。周子鹏还为金富士集团创作了企业形象歌曲《金富士之歌》，以此弘扬金富士

图 14-1　周子鹏毫不避讳地说："我的产品创意是非常
　　　　多的，我可以随意通过一本家具资料，甚至看
　　　　到半个沙发的角，就知道如何能够做出另一款
　　　　具有我们特色的沙发来。"

图 14-2　斯帝罗兰获"2008 中国家具十大最具影响力品牌"

图 14-3　金富士人人参与的企业运动会

人"团结、创新、卓越、领先"的企业精神，成为鼓舞、激励金富士人团结一心走向世界的奋进曲；就连斯帝罗兰足球队，周子鹏也为之创作了队歌《青春骄阳》，每逢大赛，斯帝罗兰足球队员们，都气宇轩昂地站列在绿茵场上，同声齐唱队歌，让青春像骄阳一样在搏击场上放出耀眼的光芒。据称，一个企业同时拥有自己的集团歌曲和足球队歌曲，在广东的企业中金富士还是第一家。

　　"读万卷书"，在把学到的知识用到自己工作中去的同时，周子鹏还推崇"行万里路"，通过不同形式的出访、考察、参观和学习，扩大视野，广增知识。20 岁那年，他就勇敢地争取到了代替舅舅出国的考察机会，并和外商签下了一宗大生意，以至成了当地人今日还津津乐道的一个传奇故事；自己创业后，每年都要多次出国考察、参展、参观、访问，尤其是积极参加行业最负盛名的意大利米兰家具展、罗纳家具展、乌达内国际家具展和西班牙家具展等。学习、收罗各国家具业先进技术和经验，以"拿来主义""去粗取精"为己使用，不断地将金富士企业带向一个又一个新的高度。在国内，周子鹏更是勤于行走"江湖"，每年都抽空到各地企业参观学习，像海绵一样永不满足地吸纳别人的成功经验，弥补书本上学不来的那部分知识，更好地塑造和修炼出一个更加完善和成功的家具王国。几年前，笔者曾写作、出版了阳江十八子集团有关品牌攻略的两本专著，他读过之后，便立即约我与他一同前去参观学习，还亲自驾车前往。那天，阳江十八子集团李积回总经理，也真够意思，竟然推掉其他一切事务，陪足我们一天。周总耳闻目睹十八子在阳江千余家造刀企业中脱颖而出，乃至成为众星捧月典范的事实，直呼取到了真经，但愿自己日后也能仿效成功。果然说到做到，几年后，他的金富士和斯帝罗兰，在周子鹏智慧的创造下，不仅成为龙江这个中国家具重镇的"众星捧月典范"，而且成为中国现代家具业中的"帝国"。让人不得不赞叹、佩服！

毋庸置疑，这其中肯定有学习的力量、智慧的力量！

然而，周子鹏绝不主张"读死书，死读书"，为学习而学习。他的聪明在于，要求自己与团队都要做到"活学活用、学以致用、立竿见影"。周子鹏崇尚中国圣贤的智慧经典，潜心研习并将其引入企业管理中，其倡导"孙子管理学"、"老子管理学"、"经营以人为本"、"管理人性化"等，看起来，这与"70后"粤商的经营理念以及在业界倡导时尚潮流的年轻企业家"做法"有点不相称，但周子鹏却能从中西合璧的管理科学中找到治"国"的方略，从而走出了属于自己的路子。这些，无疑得益于他的学以致用、洋为中用，得益于从学习中不断提升的大智大慧！

后天的勤学苦练，让周子鹏的自我修养日益高深，成长为一个真正博学多才的企业经营管理大家，而与一般的年轻企业管理者不同的是，通过自学，周子鹏已成长为中国家具业最出色的设计大师之一，称得上是一个技术专才型的管理者，这也是一般家具厂老板自叹弗如、自惭逊色的原因。他一直是斯帝罗兰这个以原创设计、以创新领先在行业著称的企业的首席设计师。想一想，我们便可掂出其中的分量。

那天，笔者与他就一张沙发的设计聊天，此时的他，立即显出一副老到的设计师的样子，说得非常内行、投入，他甚至毫不掩饰地说："我的产品创意是非常多的，我可以随意通过一本家具资料，甚至看到半个沙发的角，就知道如何能够做出另一款沙发来。"说着，他站起来，前去大班台上拿来一本外国家具杂志，打开自己原先已折好的、贴着黄色纸片的一页，然后指着上面的一幅图说：我可以设计出一款更有创意的沙发。笔者看到，其实那是一幅衬托文字的插图，只有一张不完整的沙发，是一个非常模糊的"概念"。但到了他的眼里，便触类旁通，诱发出他另一种设计创意。他说："随便看见一张床，我就知道在哪儿加上自己的原创，或革新，或创造，反正总会形成我自己的东西，我有时也奇怪，我怎么会这么敏感。"

这点连形象设计部总监温炳权也这么认为："我们设计中心的作品，凡是交到周总手上，他都会看出某些独到的东西来，都会看到你不足的地方。我们都感到不可思议，我们做专业的都觉察不到，怎么到他那儿，他一下子就看出来了。很普通的一件作品，他也可以变通，形成一个新的创意，并且生产出来后很有市场。我跟他很多年，至今也弄不清楚，真是神奇啊！"

营销中心设计部总监叶良洲说："平常一件家具，可能很多人就漏走了，没注意它，但周总看了，认为是一件很好的东西，立即就有了自己的创意，他说出一个大概，我们形成草图，这个作品出来后，果然很有市场，有些人以为抄袭了斯帝罗兰的东西，也可以追上来了，但其实连皮毛都不如。也就是说，我们周总的智慧是永远抄不走的。"

不错，这就是周子鹏的了不起，这就是周子鹏的与众不同！

看看，凭着良好的天赋，加上后天的勤奋好学，用知识的力量武装起来行走人生的周子鹏，会是多么的"可怕"！

第十五章

民族的，更是世界的

"民族的金富士，世界的斯帝罗兰。"

这是周子鹏为自己的家具帝国设定的"立业"宗旨，其含义也明明白白：金富士是扎根在中华民族大地的民族产业，其产品品牌斯帝罗兰，则是走向世界、属于世界的。

从金富士第二次创业开始，周子鹏便着力在创造最好的家具产品的同时，大举实施"有家就有斯帝罗兰"的宏大计划，并脚踏实地地一步步向前行进。

一心一意为人类提供最优质的斯帝罗兰产品，周子鹏很早就把眼光投射到世界家具市场，竭尽全力要把斯帝罗兰卖到全球每一个角落。周子鹏每年用 2/5 时间，穿梭于海外各国和中国的港、澳、台地区，在了解、考察、把握和开拓家具产品市场，着力搞好产品的设计研发和营销方面不遗余力。因而，金富士拥有了全面稳健的市场营销体系、信息网络体系，总能及时预测和捕捉当今世界各行各业的最新潮流和风尚。而强大的信息网络和研发能力，确保了每一款新品推出都能创造理想的效益，从而不断扩大巩固市场领先优势。至今，金富士已经在中国本土一二级城市建立了1220 多家品牌专卖店，其产品在国际市场上覆盖 110 多个国家和地区，服务全球营运商 1600 多家。在"全球家具生产制造和出口 10 强国家"中，已有 8 个进口和使用金富士的家具。

全面进军国内、国际高端家具领地，奠定金富士高端产品品牌形象。周子鹏以其"时尚、领先"的目光，首先在中国最有影响力的前三位城市北京、上海、广州实行"攻城略地"战术，占领国内高端家具消费市场的制高点——在这三大城市中设立斯帝罗兰分公司，以区别于前期只是依赖区域经销商"卖产品"的专属营销做法，以公司化、规范化强制对区域经销商、营销进行全面管理运作，从而进一步加强各大区域经销商管道的指引和服务，取得了营销管理上重大的突破，收到了相当出色的效果。

图 15-1　在庆功宴上，周子鹏邀上父亲周文辉（左一）、太太萧菲（中）一齐向中外友人敬酒答谢

进入 21 世纪后，斯帝罗兰加快了占领国际市场的步伐，2003 年出口创下历史新高，一年内在 17 个国家开设了 30 多家专卖店，以每月平均在海外开设 2 间专卖店的速度，大举渗透国际高端家具市场。

2004 年 8 月，广州秋季国际家具展会，金富士集团推出了以"变色龙"为主题的产品市场推广活动，一时掀起了家具新品的"龙卷风"。其间，一款皮布沙发 FAC090 系列，自投放市场之日起，恰似加温的水银柱，一下子"飞蹿"起来，接下来的 8 年时间，竟然像得了魔法，一直走俏世界市场，长盛不衰，直至今日，FAC090 系列沙发，仍然是金富士诸多沙发类产品的销量"冠军"，在业界保持销量不可撼动的优势地位。"变色龙"自由生活、随心而动的家居艺术生活理念和灵动的产品搭配组合，以时尚设计精品生活的品牌品位，使得众多的厂家竞争者抄袭模仿不了其中的"灵魂"，眼睁睁看着金富士"变色龙"在"变色"中走红、飞翔，成了弘扬斯帝罗兰品牌价值理念的一面旗帜，并始终高挺天下。

笔者在 2004~2005 年，每次驾车经过 325 国道龙江前进家具会展中心，都会见到斯帝罗兰的"变色龙"巨大广告牌在向世人赫赫昭示。那是采用 3D 立体动感技术制作成的 20 米长、4 米宽的横幅巨型广告牌，上面的一张 FAC090 系列沙发，尽显简约时尚风范，尤其是大胆"削除"了传统沙发的高大靠背，以"床"形的沙发立面，在背后轻轻衔接上"枕头"般的圆形流线体靠背，大方得体，自由浪漫，不拘一格，加上流动的"变色"，让生活的主角沙发在色彩的变换中体现出不同的魅力；而在沙发的背侧，趴着一条生龙活虎、可爱至极的"变色龙"（蜥蜴科），这便是这一沙发宠儿的最好注脚——"炫出您的心情色彩，体贴您的心情细微——斯帝罗兰，生活的艺术"。加上沿途不远处金富士总部时代广场那一组巨幅的动感斯帝罗兰"变色龙"系列广告，斯帝罗兰主张为生活的多姿多彩充当"变色龙"的意象，一下子深入人心。随后，在全国各地长达两年密集式以此广而告之的诉求影响和冲击下，斯帝罗兰品牌旋风般席卷祖国大江南北。

乘势而行，2005 年春节刚过，周子鹏便着手在广州春季国际家具展会开幕之前，专门召开了 2005 年春季斯帝罗兰产品销售渠道研讨会，对整体销售布局预先作出了分析和对策。待跨入 3 月，同时在广州国际会展中心琶洲馆、顺德前进汇展中心、金富士总部时代广场展厅三大展区，向业界分别推出一系列新品——欧化沙发 C&C（Create Colour）品牌系列、金属家具"时代先锋"系列以及新时尚软床"加州阳光"系列。这三大系列产品一经推出，当即好评如潮，引起业内人士狂热追捧。金富士历史永远铭记这一天：2005 年 3 月 19 日，斯帝罗兰品牌认购大会，200 多名客户蜂拥而来，当天一举认购品牌建店 124 家，创造了斯帝罗兰家具营销的一个神话！

第十六章

西方家具列强的关注

　　斯帝罗兰声名远播，很快，便引来了西方家具列强的关注，历史上对外素有"探险"热情的国度西班牙，众多的家具巨头们聚集在一起，把目光一齐聚焦在遥远的东方，目标是中国的斯帝罗兰。

　　2005 年 10 月 31 日拂晓，周子鹏在家里的跑步机上跑完了一个小时，随后吃过早点，然后选了一件深蓝色衬衫，配上一件灰黑色休闲裤子，一身简单却时尚的装扮完毕，一个青春阳光、练达儒雅的年轻企业家便坐到了别墅后院的"宝马"上。5 分钟之后，周子鹏出现在时代广场斯帝罗兰大展厅前。

　　10 点钟，远涉重洋的西班牙考察团一行 20 多人，鱼贯而入，受到了在这儿等候已久的周子鹏和他的迎宾团的热烈欢迎。

　　扑面而来的是大堂前一壁扬扬洒洒的瀑布，还有一池闲游潜底的日本锦鲤，伴随着理查德·克莱德曼演绎的舒缓轻漫的《水边的阿狄丽娜》在大厅内跌宕流淌，亦幻亦真；由黑色作主体色调，间以少许白色和草绿色作点缀的广阔空间，在变幻的灯光投射和切割下，衬托出这一室的主角——斯帝罗兰与 C&C 宠儿，或时尚，或典雅，或高贵，或浪漫，呈放着异彩，一下子便把西班牙客人吸引住了。

　　周子鹏一脸的自豪和惬意，以主人翁的微笑陪着客人，引导着他们走进斯帝罗兰的世界。

一楼展厅的"色色都市"品牌，以现代金属家具为主推产品，同时根据现代生活个性家居的需要，科学地搭配了沙发、软床、板式等时尚家具。各"色"在其间把"家具"渲染成一个百花齐放的世界，在难以计数的灯光点缀下，如梦如幻，将都市流行的符号尽情在此展露。当客人参观 C&C 品牌产品时，已掩饰不住内心的喜悦与好奇，他们认真地询问产品的性能，对感兴趣的产品都记下了型号与价格，甚至拿出随身携带的数码相机把产品拍了下来，一时间，镁光灯闪个不停。

C&C 品牌为金富士公司继斯帝罗兰之后推出的第二大品牌，其设计理念是紧随或创造世界潮流，创意大胆超越传统风格，线条表达简洁明朗，气质典雅高贵，融合现代经典元素，尽显尊贵奢华风范。诚然，C&C 风格走的是国际化高端家具产品路线，注重对色彩的自然协调与空间的良好运用，创造一种独特的欧化经典的出色表现，是强烈吸引到访的欧洲客人目光的原因所在。

图 16-1　西班牙家具设计考察团一行，在周子鹏统领的金富士留下了"他山之石"，同时他们也记住了一个东方企业家的风采神韵和创新精神

图 16-2　周子鹏大方地满足了外国客人参观金富士家具制造基地的要求，过后有人担
　　　　心这样会泄露经营机密，周子鹏却说：你可以复制我的工厂，但我的人才、
　　　　技术，谁也"抄"不走，而那些才是我最宝贵的

　　考察团成员兴致极浓，在详细参观完三楼的"自由之风"及四楼的斯帝罗兰现代时尚软床和床垫后，访问团中的家具专业设计师禁不住发出惊叹：想不到中国的家具企业有如此超前的设计理念，我还一直以为中国产品只是停留在近代的木制家具阶段呢，斯帝罗兰的产品非常棒！

　　西班牙考察团意犹未尽，用完中午餐后，又要求赶往鹤山，接着参观考察金富士家具制造基地。周子鹏大大方方地满足了客人的要求，继续陪同前往。后来有同事对此稍有微词，说我们到意大利、西班牙考察，他们的工厂是拒绝参观的，我们也应该防洋人一手。但周子鹏却没在意这些，他甚至说：你可以复制我的工厂，但我的人才、技术，谁也"抄"不走，而那些才是最宝贵的。周子鹏不光让西班牙客人参观完各大车间，还主动引领考察团参观金富士现代家具产品研发中心，并与设计师们展开交流及合影。面对这座美丽的现代化工业园，考察团成员经不起诱惑，纷纷以不同的厂区为背景，拍下一幅幅洋溢着喜悦气氛的照片。最后，在客人们的要求下，还参观了金富士客户服务信息处理中心，中心内现代的 ERP 设备和工作人员良好的互动演示，给考察团留下了非常深刻的印象。他们对金富士企业从设计、生产、销售到服务等一整套现代化经营管理给予高度评价，纷纷表达希望能与金富士展开深度洽谈、交流，并期待在中国市场上与金富士携手合作。

　　而周子鹏这个年轻的中国企业家，给这批欧洲家具精英的印象更是十分良好，他们尤其对参观整个金富士集团时不设任何"人为障碍"的做法感激不尽，认为这是只有最好的朋友才可能做到的，而周先生的诚恳和信任，给他们下一步在中国开辟市场，提供了强有力的信心。

图 17-2　每届展会亮相，斯帝罗兰家具总能带来惊喜

图 17-3　2005 年 3 月，中国广州第 15 届国际家具博览会 C&C 品牌展区

图 17-4　作为与斯帝罗兰齐名的 C&C 品牌，总是能抓人眼球，抢尽风头

图 17-5　2006 年 8 月，第 16 届国际（东莞）名家具博览会 C&C 品牌展区

　　一楼展区"时代先锋"金属系列产品，经过整合后，全面升级为"色色都市"独立品牌；二楼展出软体沙发 C&C 品牌系列；三楼推出的是斯帝罗兰 2005 年秋冬季新品；四楼是新软床"加州阳光"品牌系列成功地升级为时尚软床的"罗兰阳光"品牌系列。一个全新的高端家具产品世界，以

全新的面貌亮相在世人面前。

接着，周子鹏提前策划和布置了秋季三大展的重头戏"广州展馆"，其定位是以开拓海外市场为主，推出了继斯帝罗兰之后的又一重点品牌 C&C 产品。这是周子鹏精心打造的又一家具力作，其以尊贵经典的软体家具风格与现代时尚、大气品位相融合，沿承又创新了意大利现代家具简约主义，开创了国内软体家具的一个崭新领域。C&C 产品在用料上全部采用意大利进口真皮，线条表达简洁明快、高贵典雅，在创意上大胆超越传统风格，以色彩突出个性，将高贵、经典的品位与现代、时尚、气派之风潮完美结合，产品在国内一面世，就如评如潮，各地经销商纷纷抢着下订单。周子鹏却在 C&C 产品几近"脱销"的有利情况下，想到要打进国际市场，所以，这次便选择从 2005 年广州秋季交易会家具博览会开始，以树形象入手，让 C&C 在这次博览会上来一次炫亮绽放，向世界敞开胸怀，全面走向国际高端家具市场。

笔者在这次展会上，亲眼见证了 C&C 展馆的成功。在风格各异、品牌林立的展馆中，金富士 1000 多平方米的 C&C 展厅，首先在"规模"上以比别人大一倍、高度也堪称整个展会之最的气派，力压群雄，抢占地盘，吸引眼球。恍似鹤立鸡群，个性品位十足，以气质高贵、环保简洁的黑色为主色调，一反国人少用或不敢用黑色装饰点缀空间的盲点，大胆地让黑色作为整个展场的主角。这种色彩情感学上象征高贵、典雅的黑色"晚礼服"，辅以少量的白色"天使"作陪衬，使黑、白这色彩中的两大永恒色相融其间，营造出无垠的空间，让人走进展场，仿佛进入无界，而你眼睛所能捕捉的，唯有 C&C 家具，也就是说，这个"世界"除了你和家具，就什么都不存在了。数十款与意大利式家具生活品质一脉相承的原创 C&C 产品，分明寄寓着无数的想象和诱惑，犹如一尊尊摄人心魄的美神，引领着你的神经，挑逗着你的情操在家具世界里徜徉流连，让你情不自禁地产生一种占有的冲动。另一点与众多展厅不一样的是，独辟一处的休息区，设有咖啡、茶座、点心，供前来观赏者慢慢品尝，体验家居与家具带来的享受。

"金富士家具 C&C 品牌，成了第十六届中国广州国际家具博览会最大'黑马'，赢得了全国软体家具设计金奖，成为本届博览会唯一的最高奖项获得者!"一时间,各大媒体纷纷报道。

　　这也达到了周子鹏预期的目的,尤其是引起了海外客户的广泛关注。展会第一天,公司的接待客车就将 60 多个国家的客人,分两批送到金富士集团龙江总部来,以作实地考察、洽谈。4 天后展会结束,便有 50 多个国家和地区的客商与金富士签订了合作协议,C&C 开始风靡海外各地高端家具市场。

第十八章

是鉴赏，更是肯定

2008 年 3 月 18 日，阳光明媚的上午。

羊城。两岸红棉绽放，映红了一脉珠江水。

"第二十一届中国广州国际家具博览会"在琶洲国际会展中心拉开序幕。

作为本届展会的领军企业之一——金富士集团，在此隆重举行"2008 斯帝罗兰加盟商答谢暨 C&C 极品沙发鉴赏会"。

这一重大手笔的推出，使金富士企业成了整个国际博览会的黑马，吸引了国内外业界人士及买家的眼球。

中国家具协会理事长贾清文先生、副理事长陈宝光先生等众多行业名流，兴致勃勃前来参加；红星家居集团等十多个中国知名家具卖场的负责人也悉数到场祝贺；现场还吸引了《广州日报》等近 30 多家新闻媒体的关注与报道。

周子鹏之所以向业界隆重推出斯帝罗兰、C&C 极品沙发鉴赏会，除了感谢全球的 VIP 经销商之外，更重要的是希望通过这次鉴赏会，向中国乃至世界家具业界发出一个强而有力的宣言——"中国家具不是靠低价格取胜，中国有自己的杰出品牌和原创作品，中国家具更有着自己独领风骚的艺术流派与文化品位！"

图 18-1　金富士的招贴

图 18-2　2008 年 3 月，C&C 极品沙发鉴赏会

图 18-3　2008 年 3 月斯帝罗兰全球加盟商答谢会

C&C 作为金富士集团十年磨一剑打造的全球顶级家具品牌，已是中国家具走向高端市场的一个典型代表，成为中国家具逐渐走向成熟的有力见证。其将市场目标锁定为全球 100 万个富豪名流，特别裁订及创造符合他们身份象征和艺术品位的家居生活产品。

贾清文在致辞中指出：斯帝罗兰是中国最大的沙发企业之一，品牌在国内外有一定的知名度，可以说沙发是近几年来中国家具领域发展最快的产品，而且 2007 年在出口中，坐具和沙发类占到出口总额的 45%，其中以沙发类居多，达到 103 亿美元。斯帝罗兰正好赶上了这个黄金发展期并且抓住了这个机遇，使得近几年企业发展非常迅速，特别是周总提出的原创理念"要做高端市场"，我认为他们的定位非常准确。通过今天的发布会，相信斯帝罗兰定能把品牌做大做强，做出中国乃至全球最经典的沙发，满足人们日益提高的生活需要，以及国际市场的需要。

在鉴赏会上，来宾们欣赏到的不仅有斯帝罗兰设计师精心打造的顶级沙发作品，同时还有来自天籁之音"日月天地"的现场音乐演奏，来自有"东方贵族"之称的美女模特走秀，更是品尝到了从意大利特地带来的醇美香槟与红酒。此次鉴赏会，营造出一种低调极简却不失奢华的上流社会家居艺术氛围，给整个展会带来了一种超乎想象的新气象，也给中国家具业带来了一次不同寻常的惊喜。是鉴赏，更是肯定。

金富士集团在成功打造斯帝罗兰品牌之后，顺应市场发展潮流，推出了以国际高端家居市场为定位的 C&C 顶级家具品牌，让人们看到了中国家具业发展春天浓墨重彩的一笔，也看到了新的希望。中国家具业有自己的"丰田"品牌模式，更需要有自己的"奔驰"和"宝马"品牌模式。

作为中国高端家具品牌典型代表，C&C 品牌的横空出世，预示着中国家具向全球高端市场进军的号角已经吹响，人们有信心期待，中国家具品牌时代正向我们大步走来！

第十九章

周子鹏巨献之：紫醉晶迷
——开创中国奢华家具新时代

十年磨一剑，倾力打造

中外设计名师主笔设计

2008 年后现代主义经典力作奉献

专为全球 100 万个超级富豪量身定制

1000 万元启动资金扶持，开创中国奢华家居生活新时代

图 19-1　周子鹏巨献之："紫醉晶迷"（沙发），恍若一池秋水，如梦如幻，历经岁月砺淬，精雕细琢，显耀傲岸不羁的贵族格调，充满浪漫主义的经典色彩，犹如世家美人舒展着迷人的娇姿

图 19-2　"紫醉晶迷"是金富士集团 C&C 品牌成功推向市场的代表之作

图 19-3　"紫醉晶迷"家具

图 19-4 "紫醉晶迷"家具

图 19-1~图 19-4 为 2008 年 3 月，金富士集团 C&C 品牌成功推向市场的"紫醉晶迷"的代表之作。

作品赏析：

"紫醉晶迷"恍若一池秋水，如梦如幻，历经岁月砺淬，精雕细琢，显耀傲岸不羁的贵族格调，充满浪漫主义的经典色彩，犹如世家美人舒展着迷人的娇姿。

大器天成，低调极简的奢华品格，将人生的成功与历练，浓缩成一幕生活的财富艺术景象，承载着人生永恒的幸福。自诞生的第一天起，注定将以独有的后现代主义家居风格与国际化的视野，赢得无数同行与名流的尊崇与追捧。

创意灵感：

紫色是尊贵、皇室的颜色，清逸与梦幻是作品给人带来的第一感觉；通过色彩组合与空间的完美搭配，将百年经典演绎成一幕奢华的家居舞台剧。

材料运用：

采用近 1000 颗水晶——产自奥地利水晶王国，象征着富足与尊贵的"施华洛世奇"极品水晶，以色泽清澈纯美，高贵奢华而著称于世，每颗水晶钻石的重量为 12 克，恰到好处的镶嵌配饰，使整套作品充满迷醉迷离的炫目光幻。

造型设计：

在沙发的主体结构上，体现了大器天成的优美轮廓，整体搭配方案的完美组合，满足了贵族大家的居室要求。

工艺运用：

从选料到成型，整套家具历经 1376 道精细制作工序，每一道工序都经过研发工程师的精确检测，力求至善至美。纯手工方式的拉点制作工艺，随着时间的流逝，将体现它超越历史的永恒价值。

专家评委团评语：

中西合璧，高贵典雅。善用各种材料和艺术表现，演绎出浪漫主义的高品质生活。

身份说明：

"紫醉晶迷"的市场定位是金富士集团全力打造的全球顶级家具品牌的系列之一，整套产品（如图中陈列的包括饰品在内的 13 件）展销定价为人民币 28 万元，为全球 100 万个富豪人士量身定制的奢侈家居产品。

"紫醉晶迷"荣获"第二十一届中国广州国际家具博览会产品组合外观设计金奖"。

第二十章

沧海横流，方显英雄本色

　　2008 年夏天，受全球金融海啸影响，中国家具业同样面临着一场巨大的挑战。尤其是海外市场需求锐减，加上原材料和人力成本上涨，广东东莞、深圳乃至全国那些没有创新能力和自主品牌的家具厂，扛不起重压，

图 20-1　斯帝罗兰家具形象代言团队

开始纷纷转让或关门，及至次年上半年，全国家具企业倒闭了近 7000 家；在市场疲软的情况下，部分大型家居卖场不得不"转型"或歇业。可以说，家具行业面临近 30 年来最为严重的市场发展危机。

周子鹏心里比谁都明白，在市场骤变、环境复杂的情况下，不能想着铺好退路，而是更要把握好前行路径。他及时作出了一系列战略决策，抓住"危"之中的"机"，将市场的"冬眠"变为"冬训"，把公司的三大核心流程——产品差异化研发流程、渠道拓展流程、成本管理流程发挥至极致，苦练内功，剑走偏锋，夯实企业的核心竞争力，从而将危机转化为机遇。

招式一：狠抓内部管理，更进一步完善质量管理体系，全面提升品质和品牌信誉。在优化产品组合结构的同时，抓住 90 平方米小户型增多等特点，凭借公司强大的研发能力，高举创新大旗，深挖拳头产品，设计出顺应市场新需求的家居产品。

招式二：强化终端营销，以销售速率为导向，以资金回笼为目的，借助节假日节点，推出了一系列的终端优惠活动，让利于消费者，与经销商抱团取暖，同时增强终端培训力度，打击产品侵权行为，维护本体高端品牌利益，实现营销价值的最大化。

招式三：通过创新营销品牌整合传播方式，全方位加强网络、高端杂志、行业及精准终端媒体的品牌广告投放力度，同时策划推出在全国业界最具"眼球效应"的事件行销——"赢在中国·一路有你"斯帝罗兰加长悍马巡游活动，让斯帝罗兰在肃杀的市场中一路凯歌。

正所谓东边日出西边雨，风景这边独好。在周子鹏精明的运筹帷幄下，斯帝罗兰业绩在逆市中全线飙升，所有产品领域和区域市场均呈大幅增长，利润率亦创出新高。在中国区的运营收益几乎翻倍，达到历史最高水平，在某些地区的增长率甚至超过 100%！从 2008 年报表看，不仅固守了作为中国家具市场龙头的沙发品牌地位，还稳居中国软体家具的"前三甲"。

周子鹏用斯帝罗兰创造的这一历史告诉我们，"危"与"机"是相辅相成的，善变者，便可改危为机，它会使强者更强，弱者更弱。斯帝罗兰正是在金融危机这样一个市场风云变幻的大时代，从行业品牌、渠道品牌逐渐走向终端消费者品牌，从而赢得一片光明。

进入 2009 年，斯帝罗兰的经营前景更是让人精神振奋。

借势阳春三月三大家具展会取得成功之机，斯帝罗兰通过渠道整合、品牌输出、活动推广与终端卖场强强联合等合作方式，上半年国内共增开新店逾百家，达到每 1.5 天开一间店的迅猛增长速度，国内销售业绩同比增长 60%，比金融海啸之前的"丰年"还要令人满意。

周子鹏审时度势，及时调整自己的海外市场营销模式，通过以展会为平台，以专卖店拓展为先锋，推出一系列利好政策。在重点保持中东、南美、东南亚等传统优势市场外，大举进军欧美市场。坚持"两条腿"走路：一方面最大限度地发挥公司设计、研发、配套及形象包装方面的优势，大力拓展专卖店模式，以点带面，加强海外品牌效应；另一方面进一步细分国际市场，开发适销对路的产品，加大市场份额。下半年，金富士在伊朗、沙特、俄罗斯、哈萨克斯坦、爱沙尼亚、南非、韩国、马来西亚、印度、越南等众多国际市场开设了数十家新店，尝到了有史以来品牌模式输出的甜头。

在中国乃至全球家具市场尚未完全走出金融风暴低谷的形势下，斯帝罗兰品牌的异军突起，独领风骚，受到了广大经销商和业界人士的广泛关注，而下半年新一轮品牌加盟抢滩的热潮，更是将斯帝罗兰品牌在秋季展会上引向火爆。

图 20-2　斯帝罗兰沙发融入天、地、人的自然与和谐

在第 24 届中国广州国际家具博览会上，周子鹏又一次剑走偏锋，一举推出以"满竹"（谐音"满足"）为设计主题的 2009 年秋季新品，一时更是惊世骇俗，出尽风头。

C&C 竹文化主题新品，借助苏东坡名句"宁可食无肉，不可居无竹；无肉令人瘦，无竹令人俗"的深邃意蕴，体现"竹"的超凡脱俗、清新高雅、挺拔凌云、刚直有节的操守和特质，既是品格的文化，也是居家的时尚文化。展会推出的 C&C 沙发、扶手椅、餐台及板式等整体家具概念中，在外形上都遵照"简"中蕴繁，利落大气的表现形式，与"竹"的超凡脱俗有机结合；非凡的品位，独特的意象把"竹"文化的主题尽情升华，成为现代和谐家居文化的倡导者，是东方文化与西方哲学交融的结晶。渲染浓墨的豪情与山水竹林间的抒情交相呼应，古筝乐曲与西式鼓点的缠绕共鸣，错落有致的隔段，别出心裁的意境，C&C 新品激情演绎其风华绝代的"竹"音。"满竹"便是一种至高的享受。

除了推出 C&C 竹文化新品外，周子鹏同期还携手中国家居业第一连锁品牌红星美凯龙，在乐从同时推出"斯帝罗兰 101°"全球限量版新品系列。

"斯帝罗兰 101°"新品系列，涵盖客厅、餐厅、卧室三大家居主题，时尚、个性、智能、环保是它的产品特性。专为年轻一族精心设计，定制专属年轻人的家居世界，以追求的姿态创造一种自我价值的全新生活方式。它倡导的不仅仅是时尚，更是和谐的家居文化。"斯帝罗兰 101°"将全球最新流行元素，通过家具产品的设计与家居形象的空间展示加以呈现，预示着国际时尚家居限量版时代的到来。

在同一时间内，金富士于顺德龙江营销中心、广州吉盛伟邦举行声势浩大的新品联展，以空前的阵容面向全球家具采购盛会，向世界宾朋华丽绽放！

金富士于秋季四地展会大手笔推出两大新品系列，是继 2008 年实现全球市场销量逆势增长之后，再度借势国际家具展实现"品牌突击"与亮剑的拓展战略。这不但给共和国 60 华诞献上了盛世大礼，同时也给在全球金融危机中重新洗牌的中国家具业注入了一支"强心针"。它让我们看到了亮点，看到了希望，更让我们看到了异军突起的民族品牌力量！

笔者在广州展会期末的一天，前来斯帝罗兰展场，想见见周总，但都快要闭馆了，他还在熙熙攘攘的展厅中被安排与一群新加盟的经销商逐个见面，聊一聊。这是他给自己留的一份作业，凡是有新力量加入，他都要约见与之交流一下，以示真诚和尊重。这些年来，再没空他也不肯省下这道"家常菜"，这也成了周总处事的一个"招牌"。营销小姐告诉我，连续三天来，周总一直奔波于龙江、东莞、广州三地，接待新加盟经销商成百人了，我们怕他招架不住，心痛死了，谁想到今次展会，要求做我们经销商的人这么多，肯定超历史了。

2009年10月，笔者再到金富士，原先与他约好聊半天的，但他忙到"飞得起"，我只得找酒店住下来苦等。没想一等就是四天，直到那天下午五点半，他从鹤山赶回来，碍于不好意思再推迟了，不吃晚饭也要来见我。原来这段时间以来，他一直在为"供货"伤透脑筋，为找工厂扩大加工生产忙得团团转。因为今年他们的产品销售出奇的好，他说经销商的订货，已增加一倍多，赶不出来，不知怎么办。正说话间，便有个经销商打电话进来，他不得不又费一番口舌解释。说完，他显得很疲倦的样子，仰躺在沙发上，微闭上双目说："现在没办法交货，定货需求比我们的产能高出一倍了。国庆节到今日，半个月了，每晚到深夜四点都睡不着觉。我说你们不要再难为我了，每次搞促销后都头痛，展会后就更头痛、更苦，因为订单越来越多。我们拟砍掉一些业绩不太好的，要求对那些店面小、位置差的店进行整改或关闭，另外准备与北方一家钢铁厂结成同盟，五金板材生产方面，我们出技术、人员等就行。下一步，还得依靠省家具协会，尽快帮我们联系更多的'代工'家具厂，以缓解我们长期的供货困难。"

第二天采访生产管理中心总经理张世牛时，他也和周总一样在为供货一事"诉苦"，还说周总已把此一任务下达给每个高管了，要求大家群策群力，四面出击，在短期内没法自建厂的情况下，找到更多解决困难的办法来。

在国内众多家具厂找不到订单，市场一派清淡肃杀之时，周子鹏统领下的金富士却被订单追得"疲于奔命"、"睡不安寝"，业绩一路逆市飞扬，高歌猛进。金富士2009年一举获得了"广东家具行业原创竞争力十强企业"、"中国家具十大创新品牌"、"中国家具行业杰出贡献企业"等多项殊荣。

第二十一章
赢在中国，悍马功劳

2009 年，阳春三月。

"总比别人多一种主张"的周子鹏，一直紧紧把持好斯帝罗兰 2008 年以来逆市飞扬的势头，一刻也不肯松懈，同时又精心策划了一个吸引全国家具行业眼球的事件行销——"赢在中国·一路有你"，事件的"主角"其实是一辆加长版悍马！

经历了 2008 年金融危机的跌宕起伏之后，新一年的家具发展前景仍然扑朔迷离。在产品、营销方式、广告诉求同质化的情况下，同类风格品牌间的竞争更趋白热化。博弈于一个"剩者为王"的时代，出招"快、狠、准"者胜，显然光靠产品创新和品质服务还远远不够，品牌营销的创新与市场资源的有效整合，显得比任何时候都来得重要。正是在这样的大背景下，审时度势的周子鹏，独出心裁，重磅推出了斯帝罗兰加长版悍马全国巡游系列活动。

由斯帝罗兰公司耗资近 800 万元人民币，从美国量身定造的新生代贵族流动行宫——加长悍马，体现斯帝罗兰时尚力量、富有激情、热爱生活的形象元素，承载着斯帝罗兰品牌"团结、创新、卓越、领先"的人文精神，面向全国 100 座重点城市巡回展示，旨在为消费者打造自己的爱家，提供最优化的家装指南和家居搭配设计方案，为促进人类家居艺术文化的繁荣与发展作贡献。

图 21-1 "总比别人多一种主张"的周子鹏，精心策划了一个吸引全国家具行业眼球的
营销事件——"赢在中国·一路有你"，事件的"主角"其实是一辆加长版悍马车

图 21-2 斯帝罗兰数百万元定造的加长版悍马蓄势待发

图 21-3 现场展示、签约火暴场面

图 21-4 新浪家居全程报道

图 21-5 优化大众新婚理念，提升家具生活品质

　　活动形式是通过与当地卖场联合，借助各级协会及文化团体的力量，策划和演绎诸如欢庆节日、联展助庆、歌赛联欢、楼盘庆典、团购助阵等系列活动。在给广大消费者带来一场视觉盛宴的同时，最大限度地让利于民，拉动内需。凡参加活动的消费者均有机会获得由主办方送出的三重以上大礼，比如折上折优惠，合作品牌产品捆绑式让利酬宾；免费体验加长悍马环城巡游及接送的尊贵礼遇；获赠精美尊贵纪念礼品等。

　　2009 年 3 月 28 日，由斯帝罗兰与色色婚纱集团联手推出的国际婚纱博览会暨时尚家居品鉴会在广东肇庆隆重举行。由此，为期近一年、覆盖全国四大区域、19 个省区 100 座城市的"赢在中国·一路有你"斯帝罗兰加长悍马全国巡游活动正式拉开序幕。

　　肇庆首发站的活动选择了与"2009 国际品牌婚纱博览会——中国行"同期举行，旨在"优化大众新婚理念，提升家具生活品质"，结合"80 后"新生代、新势力的追捧，掀起时尚家居生活飓风。肇庆红树湾家具博览中心斯帝罗兰家具品牌店，推出的"劲 SHOW 久合之作"浪漫红色经典组合，使全场倾慕，深受消费者喜爱，展区几度爆满，仅活动开始的当天上午，就顺利订出了十多套组合产品，3 天时间销售额达上百万元，收到了前所未有的好效果。活动受到了多家全国知名网络平台及当地核心电视、报刊媒体的广泛关注，高度评价："新生代人文的崛起与家居生活的优化是息息相关的，也是与时俱进的。"

5月10日是母亲节，"赢在中国·一路有你"斯帝罗兰加长悍马进入侨乡江门，携手简爱家居举行"一生的敬爱——母亲"为主题的买家具送厚礼活动，为节日母亲送上与众不同的"感恩·报恩"与祝福。

斯帝罗兰为消费者提供时尚而舒适的家居生活定制方案，是对母亲最贴切、最温暖的回报，让节日的母亲们陶醉在爱家的氛围之中，尽情分享斯帝罗兰浓浓的特别关爱，再加上亲历加长悍马的新鲜体验以及斯帝罗兰送出的多重节日厚礼等，都让母亲们大喜过望，纷纷夸赞这种营销方式。顾客萧先生高兴地对记者说："今天我带母亲来，并不是为买家具而买家具，而是想送给母亲一份特别的礼物。每年母亲节不是请母亲到酒店吃饭就是买服装之类，今年家里新房装修，刚好有机会通过买家具让母亲在有生之年留下一次难忘的记忆。加长版悍马我也从未见过，但现在我母亲却能亲身体验，环城一周，她说自己开心到不得了，我想此次经历她会终生难忘的。"

5月28日，中国传统文化佳节端午节。茂名市第二届汽车文化节同日在文化广场拉开序幕。斯帝罗兰加长悍马作为本届汽车文化节的"特邀嘉宾"，全程出席了本届汽车文化节的展示活动。

展会中汽车达300多辆，而最吸引人眼球的，当属被邀前来的斯帝罗兰专属的加长悍马车。活动现场，无论是领导嘉宾、美女名模还是现场观众，都纷纷争睹加长悍马的芳容并争相合影留念。当地媒体也热捧了斯帝罗兰及其加长悍马。短短两天时间，茂名三有家居商场的斯帝罗兰专卖店销量突破80万元人民币大关，刷新了斯帝罗兰进驻茂名的最高销售纪录。

8月8日，时值第29届北京奥运会一周年纪念日，由红苹果家居牵头的"中国家具品牌联盟团"大型签售活动于湖南衡阳举行。斯帝罗兰作为联盟团的重要成员之一，特派出专属加长悍马全程参与，这是其全国性巡游活动"赢在中国·一路有你"的第三个省站。

两天活动中，凡选购斯帝罗兰家具的顾客，均有机会与斯帝罗兰加长悍马亲密接触，更可享受免费接送回家及全城巡游的独特大礼。由此吸引了全市过万名消费者前来观摩和选购家具，数百名消费者争相与斯帝罗兰加长悍马合影，带动了该商场近1000万元的产品销量，消费者开心，商家开怀。斯帝罗兰衡阳经销商告诉记者：这是斯帝罗兰家具品牌进驻衡阳以来影响最大的一次活动，我们期待日后能再次分享加长悍马以及斯帝罗兰优质的产品和服务。

加长悍马承载着斯帝罗兰的文化和概念，继续在中国大地一路大展风采。9月12~14日，第六届健康家园装饰建材博览会在广西南宁举行。博览会的最大亮点之一，便是斯帝罗兰加长悍马的助阵，一时吸引了全城关注，广西电视台、南宁电视台及腾讯网等多家国内电视、网络及行业媒体全都没有放过这一颇有价值的新闻卖点。"悍动邕城，共享时尚"成了当日的新鲜标题。以香车美女与时尚家居联合展示，模特与加长悍马相互映衬，使得整个斯帝罗兰展位独树一帜，气势如虹，吸引了观众的眼球。斯帝罗兰的合作伙伴南宁百年家语，以内外两大展位数百平方米的超大规模参与。三天内，推出的斯帝罗兰多款家具组合深受人们喜爱，仅展会现场就派出 VIP 销售优惠卡 1000 多张，直接带动产品销售达 500 万元，比 2008 年的展会活动销量增长了 300%。

为向共和国 60 周年献礼，也为回报广大客户对斯帝罗兰品牌的支持与厚爱，10月1~8日，斯帝罗兰推出"礼悦国庆·情满中秋"为主题的全国精品家具优惠大行动，加长悍马一路长驱，巡行镇江、北京、西安、香河等各大中城市，为全国民众送上一场场精品家具感恩盛宴，成为中国家具营销史上的一大亮点。

悍马巡游，马不停蹄，快马加鞭，马到成功……

全程关注专访报道悍马巡游活动的新浪家居网记者，在采访斯帝罗兰企划总监曾文亮时问："用'悍马'作营销宣传工具，在各大城市巡展，这种推广方式被消费者接受程度有多高？"

曾文亮答："就初步阶段看来，接受度还是蛮高的。有个客户跟我举他自己的例子，他们去乐从买家具，因为乐从的家具品牌很多，可供选择的范围非常广，在选购家具时会去了解很多不同的促销产品及其他品牌作比较，但他们最终却选定了我们斯帝罗兰，因为他曾经在路上看到我们的'悍马'车，车身上有我们斯帝罗兰的广告。这个消费者是这样理解的：'悍马'车的价值很高，理所当然地对斯帝罗兰这个品牌的信心增加了，噢，既然能够买这么顶级的车，那这个企业的综合实力相对于其他企业来说会更强一点。所以他最终购买了我们的产品。类似这样的例子，导购员反馈回来的非常多，这不能不归功于'悍马'这个形象大使。"

加长版悍马：

加长版悍马被誉为"新生代贵族的流动行宫"，此款斯帝罗兰加长版悍马售价近800万元人民币，由美国悍马H2改装而来。车身长10.5米，车重5吨，车厢内最多可以容纳20人，百公里油耗为30公升，最高时速可达200公里，车上所有部件都为美国原装进口。车厢内有8个流线型真皮沙发、别致的小吧台、精美的车厢顶灯，同时还装有液晶电视、车载电话、立体音响、无线网络等设施。各种高科技的应用，把这款悍马加长版汽车的奢华"武装到了牙齿"，让人一踏入车厢，便可感受到其无与伦比的豪华和现代高科技气息。据了解，加长版悍马目前在中国市场不超过10辆，而广东目前让消费者体验的也就只有斯帝罗兰的这一辆。

图 21-6　斯帝罗兰的加长版悍马

图 21-7　斯帝罗兰的加长版悍马内景

第二十二章

周子鹏巨献之：GOVERNOR（总督）
——倡导一种健美睡眠文化

品牌溯源

GOVERNOR（总督）品牌家具为周子鹏21世纪的扛鼎巨作之一。着眼于打造全球百年家具品牌，倡导一种健美睡眠文化，传承意大利的尊贵生活理念，融会西方睡眠科技与东方养生哲学，继成功推出Steel-land（斯帝罗兰）、C&C整体家具品牌之后，近20年的研究成果厚积薄发——"GOVERNOR"（总督）睡眠中心横空出世，向世人展示了尖端睡眠科技与尊贵生活品质的有机结合，体现别具匠心的原创力，彰显出斯帝罗兰家具跨越世纪里程的新荣耀。

一切从睡眠开始。养精蓄锐，致千里；居者之尊，唯总督。人的一生有1/3的时间在床上度过，这1/3的时间决定了人的生活质量，从而影响每个人对社会价值的创造。周子鹏独创的GOVERNOR（总督），深入研究现代人的生活睡眠习惯，结合西方睡眠科技与东方养生哲学，最先提出"silence"（宁静）睡眠系统。该系统具有超强的静音效果，通过弹簧系统层的特殊技术处理及2.5cm特制天然乳胶垫层隔音，从正、侧、底面确保床垫的每一处技术结构达到完美无缝连接，即使是万籁俱静的深夜，无论睡

图 22-1　斯帝罗兰力作"GOVERNOR"（总督）深入研究现代人的生活睡眠习惯，结合西方睡眠科技与东方养生哲学，最先倡导"silence"（宁静）睡眠文化

图 22-2　"silence"造就睡眠系统新纪元

姿如何反复转侧，也不会发出超过 0.5 分贝的声响。GOVERNOR（总督）以其独具个性的尊贵生活方式，从中国走向世界，开启 21 世纪人类睡眠系

统新纪元。

GOVERNOR（总督）全球研发中心

自 GOVERNOR（总督）从中国走向世界以来，针对不同的消费需求，周子鹏已成功推出了横向结构的产品体系，涵盖床垫、床组、床上用品、相关饰品搭配等，并致力于营造独一无二的尊贵卧室氛围，由 GOVERNOR（总督）推出的"silence"（宁静）健康床垫系列产品更是享誉全球。GOVERNOR（总督）全球研发中心长期聘请来自意大利、法国的顶级睡眠研究专家及床具用品设计师。从事专业研究和缔造人类"宁静"健康睡眠工程的斯帝罗兰公司，肩负着提升人类睡眠质量的伟大使命。通过周子鹏带领的科研人员的长期攻关和不断创新，在睡眠领域的研究取得了重大突破，获得多项设计专利及荣膺国内外多项大奖。GOVERNOR（总督）成了中国家具业的骄傲。

五区独立悬挂系统

GOVERNOR（总督）床垫采用最符合人体工程学的"五区"独立筒弹簧系统设计，确保拥有优越的弹性，独立的承托能力，从人体工程学角度导入，对人体每一部分的压力均能产生敏捷的回应，无缝承托，体贴丝丝入扣，无论侧睡、仰睡、俯睡，即使左滚右翻，身体的曲线始终维持水平状态，全方位让身心得到舒展，呵护健康。

至真至善的核心材质

GOVERNOR（总督）床具核心材料均为进口，如美国礼恩派双层独立筒弹簧，外表经特别镀金处理，弹簧寿命更长，弹力双倍增加；美国杜邦特卫强无纺布，防水透气，其微粒过滤结构能够有效防菌防螨；德国 DUNLOP 天然乳胶内层，增加床垫柔软度与透气性；比利时纯天然植物棉面料，经过 ULTRA-FRESH 防菌防螨处理，为身体提供纯净呵护。每一件原材料都极其挑剔苛刻，保证科学、绿色，每一处细节都苛求匠心独运，精工细作，一切均为提升人类睡眠品质而量身定造。

尊贵的"silence"（宁静）生活方式

为营造现代高品质睡眠的环境，GOVERNOR（总督）更像称心的艺术品，不但给人以赏心的视觉享受，同时让人从家居的爱抚中获取尊贵身份与内心的情感体验。把繁忙与疲累关在门外，在居室中一切自我做主，畅游在无限美妙的梦境之中，享受"大隐于市"的崇高境界。柔和的灯光、清新的空气，宁静生活的空间是闲散的，大把的时间只用来享受简单的快乐，享受只是无忧无虑与轻松的惬意。GOVERNOR 的承托与爱抚，如同在大自然的深呼吸，让每一个夜晚都有躺在云端般的感觉，仿佛回到母亲温存的襁褓，一切都是那么的舒坦与安逸、伸展与祥和。

尊贵服务

在 GOVERNOR（总督）生活馆，我们可以鉴赏到最新研发成果及经典款式，同时可以通过企业专刊及官方网站，感受到 GOVERNOR（总督）更多传递的是品牌的价值观和社会责任。作为全球睡眠系统革新的新锐，GOVERNOR（总督）满足消费者享受无与伦比的居室尊贵特质。每件产品具有唯一产品序列号，配合钻石 VIP 卡，让您在享受 GOVERNOR（总督）睡眠系统带来的美妙体验的同时，自动成为 GOVERNOR（总督）全球睡眠文化俱乐部的会员，全球顶级睡眠专家做您的贴身睡眠顾问，24 小时专人专线服务。尊贵优雅的款式设计、时尚奢华的配饰元素，以及无可挑剔的"silence"（宁静）睡眠系统，无不彰显 GOVERNOR（总督）作为全球面向未来的睡眠领袖风范。

荣誉认证

GOVERNOR（总督）无论是原材料选择还是成品检验，均按国内及国际最高标准执行，通过的认证有 ISO9001：2008 质量管理体系、ISO14001：2004 环境管理体系，采用国际标准产品 QB1952.2—2004、GB17927—1999 中国环境标志认证及欧洲乳胶环保认证等。

第二十三章

有家就有斯帝罗兰

周子鹏深知：中国家具未来拓展的必然趋势，将是走国际品牌发展之路，拥有自主知识产权和品牌，拥有稳健的国际销售网络，全面开拓创新的发展模式，才能在市场竞争中占据主导地位。

跨入新世纪，周子鹏立即调整品牌营销策略，将斯帝罗兰大举推向海外市场。

之前，如同其他家具企业的做法一样，斯帝罗兰产品只由负责进出口的单位转"卖"到国外去。显然，这远远不能满足周子鹏"有家就有斯帝罗兰"的宏愿。这样，加大品牌的拓展力度，加快产品的出口速度，成为周子鹏统领斯帝罗兰需要寻找的一个新的突破口。

于是，2005 年 3 月，斯帝罗兰国际业务部成立。

周子鹏的思路是清晰的，他要依靠自己专门的对外贸易力量，打造自己的国际品牌市场空间。根据国内市场营销的升级实践，他从"专卖店"营销模式中找到了斯帝罗兰品牌成功占领市场的利器，他要将这种模式复制到国际市场上去，也就是类似"麦当劳"开店的模式，在世界各地开花、结果，真真正正将斯帝罗兰"卖"到全球每个有家的地方去。

斯帝罗兰国际市场总监张孝军坦言："就拿金融海啸肆虐时期来说，别的家具企业海外市场陷入困境，我们反而一路扩张，局面大好。因为我们一开始就有打硬仗、打恶仗的准备。其实我们对公司的战略决策，对自己的品牌、产品都有充分的信心。危机来临意味着更大的商机正在诞生，我们是做弱者被淘汰，还是做强者主动进攻，占领更大的市场份额？显然，我们当仁不让地选择了后者。"

金富士以国外专卖店模式，取代了通常惯用的"总代理制"模式，这是需要很大勇气和底气的。

以展会为招商平台，以专卖店拓展为进攻手段，在重点保持中东、南美、东南亚等传统优势市场外，大举进军欧美市场。坚持"两条腿"走路：一方面，最大限度地发挥公司设计、研发、配套及形象包装方面的优势，大力拓展专卖店模式，以点带面，加强海外品牌效应；另一方面，进一步细分国际市场，开发适销对路的产品，加大市场份额。其中更以南非2010年举办世界杯为契机，提前锁入，在南非开设了一家1200平方米的大型品牌旗舰店，打响了辐射整个非洲市场的品牌战。仅2009年下半年，相继在伊朗、沙特、俄罗斯、哈萨克斯坦、爱沙尼亚、韩国、马来西亚、印度、越南等众多国际市场，开设了数十家新店，尝到了前所未有的输出品牌模式的甜头。

张孝军强调："我们在海外同样以专卖店形式推广和销售产品，这是周总最英明的一个策略。按规定，我们吸收海外专卖店加盟者的首要条件，就是取决于对方的经营理念是否与我们的经营理念相吻合，这是周总提出的一个最根本的条件，我们将此当作衡量合作的重要标准。我对这个理解是要找对人，先要找对的人，才能做对的事，要不，对方说他有钱有地方开店，我们就让他开，但经营理念与我们相差太远，比如是'夫妻店'式的经营，那就不成，因为我们主张必须走'公司化'道路，规范化的运作。只有这样，才能成为我们的海外经销商。要不，没找对人，在这个国家开的专卖店垮了，不仅害了他，也害了我们，更重要的是这个国家的市场从此会受到损害，再也难以做起来。正因为我们在开设海外专卖店方面坚持了自己的'规矩'，所以，这些年来，我们采用的海外主要营销渠道——专卖店模式，成绩相当可观，现在每年新开专卖店的数量增长迅速，使得我们国际业务部人手都显得不足，形势十分喜人哪！"

斯帝罗兰专卖店在海外的拓展，一方面，保证做到开一家成功一家，从而以点带面，大面积渗透、覆盖，使斯帝罗兰品牌专卖店效应不断扩大；另一方面，根据各国不同的风土人情及生活习俗，大力开发适销对路的专营产品，进而加大市场份额。

最令人欣慰的则是斯帝罗兰在中东市场的长驱直入，尤其是一直从事家具生产的伊朗 Harmony 公司，其首席执行官 Farab 先生作为著名家具设计师及该国大企业家，在头一次接触到同行周子鹏和他的斯帝罗兰后，就被深深吸引住了，以至放下了自己在本国的家具设计生产，转而充当斯帝罗兰在伊朗的经销商，3 年内连续开了 3 家面积均达 1000 平方米以上的斯帝罗兰和 C&C 专卖店，成了斯帝罗兰在中东市场营销的"标杆"。

2009 年 7 月 30 日，C&C 品牌旗舰店在伊朗首都德黑兰隆重开业，庆典仪式选择在伊朗国家奥林匹克酒店举行，斯帝罗兰国际市场总监张孝军应邀前往出席。开业仪式由伊朗国家电视台著名主持人主持。在新闻发布会上，Harmony 公司首席执行官 Farab 先生讲述了 C&C 品牌在当地市场的运营计划，并作了充满激情的展望。当地著名的歌唱乐队到场助兴演出，热情迎接中国著名家具品牌进驻德黑兰，一时成了当地特大新闻。

图 23-1 2007 年 3 月，周子鹏与韩国 VIP 经销商共同庆祝双方合作成功

图 23-2   周子鹏与两位获得金富士金牌经销商的中外经销商代表在集团 15 周年庆典上

　　C&C 旗舰店位于德黑兰市中心豪华地段，占地 1400 多平方米，为当地家具专卖展场之最。之前，被 Harmony 公司首先引入伊朗后，C&C 以极简奢华的设计风格，在当地家具市场引起了不小的轰动。由于受到伊朗地区文化的影响，进入当地市场的外国家具或本土家具，都遵循了古典欧式风格。然而，随着国家政策和民族文化的逐步开放，时尚、前卫、新古典奢华风格的家具，在当地逐渐受到人们的青睐，C&C 曾连续数月荣登当地时尚流行杂志《IDEALLIFE·IR》封面，成为为数不多的在当地具有良好口碑的外来顶级品牌之一。斯帝罗兰正是看重了伊朗的朝阳经济和消费趋势，重磅出击拓展当地一级市场，进而影响整个中东市场格局。

　　金富士国际市场版图日益扩大，目前产品出口欧洲、美洲、中东等 100 多个国家和地区，在数十个国家设立了品牌专卖店；品牌形象日趋高端化，品牌价值也在直线上升。斯帝罗兰及 C&C 品牌已经成了世界高端家具品牌的明星。我们知道，与国内某些家具品牌不同的是，金富士和国际合作伙伴采用的是共同分享利益及共同承担风险的合作模式，其并不一味追求市场增长的数字游戏。为实现全球时尚家具知名品牌目标，金富士实施了一系列的策略：一是坚持标准化、系统化、人性化和精而专的整体服务思路；

二是建立更加全面的市场、品牌和设计师推广团队；三是到国外参展，从而扩大品牌影响力和市场份额；四是预计 2012 年在全球建立 300 家品牌专卖店，形成具有自己特色的全球时尚家具销售网络……

其实，金富士创立的属于自己的国际商业模式，万变不离其宗，他们由于对"时尚"的执著，在走向国际化营销模式的通道时，输出的不仅是创新设计的产品，更重要的是通过特许加盟从而逐渐建立强大的国际销售网络，进而推广品牌的时尚风潮文化。统一的产品配置，统一的形象包装，统一的品牌文化输出和推广……逐渐确立和完善了一个国际顶级家具品牌的地位。

金富士的目标，是在国际市场上做一个以时尚为个性的整体家居生活方案的解决者。通过提供一站式的整体家居服务，要求用整体的眼光来审视从居室结构、功能、线条、色彩、空间，到装饰材料、灯具、家具等装修每一个环节的协调性；要求设计更全面更周到，不仅包括衣柜、书柜、床、组合装饰柜、电视柜、鞋柜等的和谐统一，也包括整体装修设计、整体灯饰设计、整体窗饰设计、整体家电设计等的和谐统一。总之，一切细节的实施都要从整体着眼，不仅仅局限于中国或者某个重点区域市场，而是强调全球性。

周子鹏说：我们的经营宗旨是，有家就有斯帝罗兰，所以，我们要加快创立国际整体家居品牌的步伐，而整体家居的核心是"时尚"、"整体"和"系统"，其本质亦就是"个性化"。因此，整体时尚家居服务也是一个创意系统，我们要善于深入消费者心灵深处，积极了解消费者的需求，乃至创造和引领消费者的需求。这也是金富士眼下正在苦苦追寻和实施的方略。

第二十四章

打"李鬼"，意在文明与进步

如同其他行业一样，中国家具业品牌的打假维权，也是众多知名品牌企业少不了的沉重的话题。每次到金富士采访，笔者都听到周子鹏或其下属用一副无奈的口气诉苦：各地仿冒、抄袭斯帝罗兰品牌太猖狂、太泛滥了！

据统计，目前，中国拥有大小家具企业8万个左右，从业人员超过600万人，自2005年起，中国家具业成为了超过意大利的世界第一的产品出口大国，贸易总量达140亿美元。为争夺市场，国内家具企业"流行"的仿冒、抄袭之风也愈演愈烈，很多中小家具企业其实是无法通过自己的设计力量来实现生产，只好铤而走险，依赖抄袭或假冒别人的专利产品维持下来。

斯帝罗兰品牌一直深受市场的青睐和追捧，这让国内一些不法生产商或经销商"嗅"到香味，早在21世纪初，斯帝罗兰便成了众多造假者紧盯不放的对象。

自顾一味"做好家具"的周子鹏，耳闻目睹饱含自己心血的专利产品屡遭别人"偷袭"、"抢掠"，忍无可忍，不得不腾出一部分精力和时间来，开始了一场"马拉松"式的维护知识产权行动。

从21世纪开始，周子鹏便注重了企业知识产权的维护工作，在不断开发出具有市场高价值和引领潮流的家具新品的同时，对自身研发产品进行专利申请投入了巨大精力，表明了周子鹏对坚持家具原创设计的执著和着意维护自身知识产权利益的决心。斯帝罗兰所研发的家具产品，从最初的"不重视专利"到建立严密的专利程序，产品80%进行专利申请并得到知识产权的保护，在沙发软体家具、床垫等产品设计领域，周子鹏已获得了120多项设计应用专利。

2007年初春，有经销商反映，在不少家具卖场出现涉嫌斯帝罗兰产品专利和宣传权现象。于是，周子鹏立即组织相关人员进行调查取证，证实XX家具厂在产品外观设计和在企业的宣传资料方面，都严重侵犯了斯帝罗兰公司的合法权益，构成严重侵犯产品专利权的事实。周子鹏随之委托律师，对侵权企业进行起诉，将其送上了法庭。

经过3个月的案件审理，最终双方在佛山法院的调解下，达成了相关调解协议，判罚被告XX家具厂赔偿给斯帝罗兰8万元人民币的经济损失，并责令被告在报纸上刊文道歉。周子鹏这次为企业维权的"亮剑"，终将违法者怒斩于马下。

斯帝罗兰公司从此陷入成名之后被"假冒"的困扰，作为一个企业，不仅要一边苦苦打造民族品牌，以图让斯帝罗兰风行世界，还要一边无穷无尽地耗费大量心力去对付那些侵犯知识产权者，那些不惜以身试法，借此瓜分窃取斯帝罗兰市场利益、毁坏斯帝罗兰品牌形象和声誉、损害广大消费者利益的假冒伪劣制造者。

2008年下半年，在举行全国市场的调查当中，斯帝罗兰又发现不少畅销和最新款式的产品被同行侵权，并采取低价销售等不正当竞争，给斯帝罗兰在全国的专卖店销售造成了较坏的影响。

在取证中更是发现：影响最大的，则是2007年金富士推出的形象款AF-S608-2被市场大量抄袭，而深圳XX公司的抄袭行为最为严重。

于是，周子鹏不得不又一次指挥斯帝罗兰，投入了产品维权的战斗。

2008年11月14日，斯帝罗兰委托客户以普通消费者身份，前往乐从镇豪达家具城C座105号深圳XX家私公司专卖店，在公证人员的陪同下购买到型号为ZY-1470沙发一套。由于XX公司仿造的同款产品大量生产进入市场，直接导致斯帝罗兰的专利产品销量减少，价格降低，造成较大的经济损失。随之，周子鹏以原告身份，起诉被告XX公司。

案件进行了差不多一年时间的程序审理。

2009 年 11 月 12 日上午，佛山市中级人民法院知识产权案件审理公开在龙江镇政府大楼一楼会议室举行，现场审理了此一专利侵权纠纷案：周子鹏（斯帝罗兰公司）起诉深圳市 XX 家私有限公司，侵犯其名称为"沙发（AF-S608-2）"、专利号为 ZL200730064513·X 外观设计专利，请求佛山市中级人民法院判令被告：立即停止侵权行为，并销毁库存的侵权产品；赔偿原告的经济损失 30 万元。参加当天公开庭审旁听的有来自行业协会的企业、政府机关、在校学生、企事业单位代表共 300 多人，20 多家媒体单位前来采访报道。

其实，在一审宣判前，佛山市中级人民法院为保障对原告权益的维护，已颁布了 2009 年以来的第 1 号诉讼禁令，裁定："国家知识产权局专利复审委员会于 2009 年 5 月作出第 13353 号《无效宣告请求审查决定书》，决定维持原告周子鹏的第 ZL200730064513·X 号外观专利权有效。据原告周子鹏提供的（2008）佛顺内民证字第 23877 号公证书和（2009）佛顺内民证字第 13173 号公证书所证明的事实，被告 XX 公司从 2008 年 11 月 13 日至 2009 年 7 月均在生产、销售原告指称侵犯其专利号为 ZL200730064513·X

图 24-1　斯帝罗兰维权，揭开了中国家具界维权的序幕。这是庭审现场

图 24-2　沙发现场"作证"，使在场旁听者感到很新奇

号外观专利权的产品。被告侵权产品与 ZL200730064513·X 号外观设计专利公告显示的图片相比较，两者均由两个套件组成，均为双层结构，套件呈"L"形，座位与靠背的结合处呈弧形，有若干条横纹，座位与靠背上有竖条纹，使座位与靠背呈方格状，两套件各有一个扶手；两者的差别在于扶手的位置相反，扶手的形状略有不同，脚垫的厚度和底角有所不同，专利图片显示沙发的侧面有若干斜纹，被告侵权产品则无此斜纹。但该差别属细微的差别，对沙发的整体视觉效果可能没有显著的影响。因此，XX 公司生产、销售的被控侵权产品侵犯原告专利号为 ZL200730064513·X 号外观设计专利权的可能性较大。据（2009）佛顺内民证字第 13173 号公证书证明，XX 公司在原告提起诉讼后，正以促销价方式销售被控侵权产品。因此，如不及时制止 XX 公司正在实施的可能侵犯原告专利号为 ZL200730064513·X 号外观设计专利权的行为，将会对原告的合法权益造成难以弥补的损害。故原告提出的责令被告 XX 公司立即停止侵犯权利权行为的申请，本院予以支持。依照《中华人民共和国民事诉讼法》第一百四十条第一款第（十一）项和《最高人民法院关于诉前停止侵犯专利权行为适用法律问题的若干

规定》第十七条规定，最后裁定：被告深圳市 XX 家私有限公司立即停止可能侵犯原告周子鹏名称为"沙发（AF –S608 –2）"、专利号为 ZL200730064513·X 的专利权的行为，即立即停止制造、销售 ZY–1470 沙发。

周子鹏向媒体表示：作为同是业界的一线企业，之前我们与对方也进行过私下调解，但调解结果并没有令人信服和满意，且 XX 公司其间也没有停止侵权行为，明显缺乏诚意，所以我们最终采取通过法律途径解决的策略。现在从市场调查中发现，涉嫌侵犯斯帝罗兰产品专利的企业远不止一家，其中不乏知名企业，也不只是一个型号的产品，已经出现了较为严重的态势。针对这种情况，我们被迫组建了一支维权队伍，同时与行业协会、法律组织保持紧密沟通与合作，坚决打击这种专利侵权行为。在倡导和谐社会的今天，我们会采取先礼后兵的处理方式，当然如果情况特别严重的，我们将直接向法院起诉。专利维权是我们当前着重要做的事情之一。

显然，这只是全国家具企业侵犯斯帝罗兰知识产权的冰山一角。周子鹏明白：斯帝罗兰品牌维护，斯帝罗兰权益保护，任重而道远。

"此次斯帝罗兰公司专利维权状告 XX 公司侵权，成为中国家具业有史以来最具典型意义的一个案例，引起了中国家具业界的广泛热议，同时也引起了人们对中国家具原创设计保护的重视及规范行业有序竞争的深思。"《南方日报》等众多媒体纷纷发表评论。

我国家具行业在体制上还不够健全，特别是知识产权这一领域在完善和贯彻上还有相当长的路要走。然而，随着中国全面融入世界经济大潮，国家知识产权战略已启动，保护家具知识产权，同样受到关注。目前，在斯帝罗兰维权行动的影响下，广东顺德在行业知识产权建设和保护上处于全国领先地位。顺德家具行业已成立了知识产权保护协会，作为中国第一个行业知识产权保护的民间团体，其在组织制度建设、宣传培训、创新和维权等方面，已取得了初步的成效。

然而，周子鹏还是感慨至深：企业维权，路漫漫其修远兮！

第二十五章

北方有香河

2009年9月28日，一个值得周子鹏引以为豪的日子。

这天，在河北香河，一个投资逾50亿元的亚太国际家具材料总部集群基地正在举行盛大的开工剪彩仪式。变身为亚太城董事长的周子鹏，代表该项目高层领导，在仪式上向长期给予项目关心和支持的中共香河县委、县政府、中国家具协会、北京家具协会、河北家具协会等机构和领导发表答谢致辞。

香河县各级领导班子以及11个乡镇街道办和80余个局级单位的一把手，还有来自全国各地有关部门的众多嘉宾参加了仪式。

亚太城是河北省的重点项目，是香河县集香河开发区、现代产业园、家具生产基地三大工业园区完善的重点建设项目。该项目的落地建设，是廊坊市政府多年来坚持积极招商引资政策的一大成果，尤其是对加快香河三大工业园区的开发建设具有举足轻重的意义。

亚太城项目主要规划了皮革区、布艺区、五金区、建材区、灯饰区、厨卫区、综合区（包括装饰纸、包装材料、木制品配件、油漆涂料等）等数大功能专区，附设办公区、酒店旅业、休闲娱乐以及其他生活设施等大型配套设施。将成为环渤海地区一个"立足香河，依托环渤海，辐射亚太，面向世界"的集家具材料、建材、灯饰、厨卫四位一体的亚太家居总部集

图 25-1　亚太城亚太家具材料（香河）总部集群基地开工仪式

图 25-2　亚太城董事长周子鹏在仪式上发表答谢致辞

图 25-3　2008 年 9 月 17 日，周子鹏在与中共香河县委书记杨文华就亚太家具城项目等有关事宜进行洽谈时说：我们会充分利用亚太城的品牌优势和贵县雄厚的家具产业优势，力争项目早日建成，推动香河家具产业不断升级，促进香河县域经济又好又快发展

群基地。

亚太城的兴建，对于完善香河乃至环渤海家居产业链，优化国内及亚太地区家居原材料供应市场服务模式，加速中国家居产业转型升级等具有开创性的战略意义。同时将为香河地区整体产业结构、区域就业市场优化、促进区域经济发展等诸多方面发挥其后劲长足的积极贡献。

这是一个引起中国家具人广泛瞩目的项目。

作为"中国家具十大品牌"掌舵人、亚太城股东之一，周子鹏的一举一动自然颇受媒体关注。中国家具网记者专访了周子鹏，向他了解有关亚太城建设和中国家具未来发展走向等问题。

主持人：周总，请您聊一下亚太城的项目。

周子鹏：这方面我们有自己的传播人员，也有总经理，对于亚太城的理解，郭总更有发言权。

主持人：从家具人的角度，国内战略具有怎样的意义呢？因为原辅材料在南方，从家具人的角度如何看待这个问题？

周子鹏：我们现在开发北方，到北京的运费，基本上占到家具物流成本的 10%~18%，从南方到北方起码需要一个星期，最快都要一个星期，周期长；南方现在用人成本增加以后，现在内地经济都起来了，就有很多农民不愿意出来打工，我们现在人员成本不断地增高，说明产业必须要转移，转移到一个新的投资环境，过去台湾转移到大陆，再从大陆转移到内地，家具业也不例外，大家都知道中国经济第三级在环渤海，这是国家的策略，我们做企业就要跟着走。

主持人：有人预测，中国家具行业马上要进入一个新的增长时代，你赞同这样的观点吗？

周子鹏：绝对赞成。亚太城整个介绍里面都有提及，未来五年家具业的增长是 10 倍以上。

主持人：亚太城项目为什么选择在香河呢？

周子鹏：因为香河本身的基础跟顺德基本上是一样的。

主持人：商贸之都。

周子鹏：香河 20 年前就有家具制造，有沙发制造，"南有顺德，北有香河"的美誉度，本身香河也是中国北方家具之都，在这种需求下，在这样的环境下，亚太城在那里为二次发展提供了一个坚实的基础。

主持人：首先就有基础在那里。

周子鹏：自从今天亚太城发布会以后，我相信香河整个家具会更加热闹起来，这几天有很多整个流通商都关注了香河，明年增加起码 100 万平方米的家具卖场，例如 2008 年的红星美凯龙进驻，2010 年内部还没有正式确立的因素，还有欧亚达、国内大的流通商都进入，这对于香河来讲是非常好的事情。

主持人：量更大了。

周子鹏：对于亚太城来说是更好的补充。

主持人：亚太城的定位是大家具涵盖了什么？

周子鹏：家具、原辅材料、建材、灯饰、卫浴、橱柜等。

主持人：一站式的。

周子鹏：我们的规划跟家具城不一样，整体的规划 1500 亩地，150 万平方米的建筑经营面积，成为整个北京城外的一个旅游风景线，去买材料家具市场都是车水马龙的地方，想到未来我们会用这种材料，是因为我们考虑到"80、90"后的人，新一代的人在打扮新房的时候，都有自己个人的创意，从材料开始着手去做，所以给他们提供了休闲的选择。

这是周子鹏从事家具事业 16 年来的一次重大战略"兼顾"，也算得上是其主业经营链的一种延伸，这与他力主做专做优做强也是"一脉相承"的。可以预见，亚太城的开发建设，将迅速助推周子鹏的家具事业再上一个高峰。

在国内外家具市场普遍还受金融海啸影响的低迷形势下，周子鹏的金富士集团，依靠企业强劲的创新体系和能力，剑走偏锋，逆市飞扬，不仅成功地摆脱了重重困扰，而且又一次打破常规，抓住发展良机，大胆出击，揭开了迈向纵深发展的新的一页。

这就不得不令人刮目相看。

笔者对周总如何出笼这一重大决策的过程颇感兴趣，但周总却对此显得轻描淡写，似乎不经意的样子，分明透出一副大智若愚或不屑一顾的"气度"，他说，"当时了解到香河这个项目，龙江有个老板邀我过去，香河那边有老板也要我一起去。原来我想交给香港朋友去做的，那天他要做生日，没去成，我只好去了。大家要推举我做董事长，我说没那么多时间。第一晚，与接待的当地领导饮酒，饮到我趴在那儿，在沙发上睡着了。第二天一想，要做这生意得饮这么多酒，那我不做了。第三天休息好之后，想想与股东们在一起，又不好半途退出，我说，那我只好配个总经理代我参与香河公司了，便把我北京分公司的总经理叫了过来。所以香河也没花我很大气力，我也能同时将南北两边的事情做好。"

也就在 2008 年的这个时候，周子鹏已在龙江总部，举行斯帝罗兰家居生活体验馆新项目的奠基仪式，这是我国第一家由企业自办的超大型家居生活体验馆，其围绕"时尚、科技、生态"的设计理念建设，旨在为家居生活提供一个具有人文、历史、艺术、时尚、经典体验价值的世界。周子鹏在现场向来宾宣布：我们不是为了做家具而做家具，我们是为了提高人民家居的生活文化，为此我们提出了整体家居概念。至今，我们已拥有 4 个生产企业，还要马上收购 2 个，一个卫浴企业，一个厨具企业，目前已经确定了下来。所以，未来 5 年斯帝罗兰整体家居的生活理念将会得到实现。

举重若轻，气定若闲，今日周子鹏经营企业，已是如此的自如潇洒，这才是真正会拿捏、会经营的业界高手。

第二十六章

社会在肩，大爱在心

作为一位"70后"企业家，在周子鹏的身上，能很好地体现中国人爱国、爱家、扶贫济困、热心善举的传统美德。

这些年来，周子鹏自觉履行一个企业家的社会责任和义务，但凡龙江当地的公共活动或社会公益活动，他不仅积极带头参加，出钱出力，同时，还热心组织企业和员工一起参加，金富士集团在当地的社会声誉是相当好的。

周子鹏是龙江第一个热心创建"爱心助学阳光工程"的年轻企业家，由他倡导设立的"斯帝罗兰校园基金"是全额出资的纯公益性助学工程，目前已深入到了当地的中小学校。这个由爱心和希望铸就的助学工程，为无数贫困学子解困求学，实现梦想，创造了光明前程。

顺德龙江是中国现代家具的发源地，完善的产业链和众多的家具企业，需要大批的设计和管理人才。而缺乏人才则成了影响地区经济发展的一大软肋。向来重视家具设计人才的周子鹏看在眼里，急在心上，很早就通过携手顺德职业设计学院与龙江职业中学等，实施"爱心助学工程"，并通过该项目，专门委托这些专业院校侧重培育大批符合企业发展的设计人才，为地方家具人才战略实施起到了很好的带动作用。

从2001年第一届顺德龙江足球赛起，周子鹏就开始协助当地政府，每年捐赠巨资，设立"斯帝罗兰杯"，赞助此项赛事，同时，还出资成立龙江足球俱乐部，扶持地方的体育建设。斯帝罗兰公司还长期赞助当地中小学校的地区性比赛，如职业教师篮球赛，少儿足球队比赛，成立少儿足球队等，为当地"两个文明"建设做出积极的贡献，引起公众的广泛赞扬和好评。

2003年以来，金富士积极投入鹤山沙坪镇第五小学爱心助学活动，长期捐资捐物，不遗余力；金富士集团目前与多家大学设计单位建立合作机制，如捐赠巨资设立"斯帝罗兰奖学基金"，多次举办设计大赛等，激励产业高端人才，推动地方知识经济建设。

2008年"5·12"四川汶川县发生8级强烈地震，造成建国以来最严重的自然灾害，举国悲痛。第二天起，金富士员工就以自己的方式表达了对灾区人民的大力支持和强烈关注。5月18日，本是金富士集团十五周岁生日，周子鹏却组织金富士人以自己的特殊方式为灾区人民献爱心，在鹤山沙坪镇镇南工业城发起"汶川，我们和你在一起"——金富士集团赈灾捐款活动。周子鹏和公司各事业部高层领导，与2000多名员工以及来自全国各专卖店的店长及店员全员参加。

图 26-1　2008 年 5 月 18 日金富士集团向四川汶川大地震赈灾现场

图 26-2　万众一心，众志成城，2008 年 5 月 18 日，金富士向四川汶川大地震捐款现场

图 26-3　新浪网记者在现场见证这次抗震救灾大型现场捐款活动，当场采访了周子鹏

在捐赠仪式上，周子鹏以沉重的心情，代表集团公司向全体职员发出了倡议，号召举全集团员工之力，为灾区人民献上自己的一份爱心："灾害无情人有情，作为金富士人，我们理应勇敢地承担起社会的责任，以实际行动奉献出我们的一片爱心。请同事们立即行动起来，伸出我们的热情之手，用一颗颗滚烫的爱心，为四川地震灾区同胞解囊捐资，帮助他们战胜困难，重建家园！"

一首《爱的奉献》将整个活动推上了高潮，员工们纷纷踊跃上台签字捐款，以实际行动献上自己的一份力量，有的捐款者甚至流下了伤感的泪水，场面十分感人。整个捐款签字仪式持续近 1 个小时，现场募捐到的爱心善款达人民币 179415.50 元。

新浪网记者在现场见证这次抗震救灾大型现场捐款活动，并被周子鹏将赈灾活动放在集团成立庆典之上的做法所感动，当场采访了周子鹏。

主持人：您是怎么知道地震的消息呢？刚听说有什么感受吗？

周子鹏：5 月 12 日我从北京回来，刚下飞机就接到了奶奶急切的电话，奶奶告诉我四川发生地震了。回到公司后，第一件事情就是打开电脑查看地震灾情，当我了解到四川汶川地区发生强烈地震并造成巨大人员伤亡时，我想到的是生命在大自然面前确实太渺小了。

主持人：今天我们看到，金富士集团举行了一个场面宏大的捐助仪式，您个人现场也捐了巨款，能说一下这次捐赠的感受吗？

周子鹏：5 月 12 日我回到公司之后，公司各部门员工就纷纷向我提议，希望以集团公司的名义举行赈灾募捐活动。我看到公司员工从基层到中高层都非常关注捐赠的事情，本身我是有计划安排捐赠活动的，但看到公司员工有这样的自觉性、积极性和社会责任感，这已形成企业履行社会责任的一种良好风气，真的感到很欣慰。

主持人：我们知道斯帝罗兰在全国大约有 1000 家专卖店，那这次捐赠是总部的还是全国专卖店共同来参加的呢？

周子鹏：主要是总部的，恰好本月我们举办斯帝罗兰 2008 年金牌店长、金牌店员特训营，有来自全国各地的 200 多名店长，他们都参加了本次活动。

主持人：作为家具行业中率先作出捐赠的企业，您认为这次善举对家具业有什么样的影响呢？

周子鹏：没有考虑到在家具行业中是否为第一家，这次活动是发自企业的内心去做的，这是我们应尽的责任。

主持人：以后是否会坚持做这样的公益活动？

周子鹏：我们会坚持去做的，这本身就是企业应尽的社会责任与奉献精神。

第二十七章

手做家具，脚踢足球

　　难以想象，一个家具企业，竟然拥有自己的两个足球场、篮球场和其他体育运动场所，而且拥有自己的足球俱乐部、足球队、企业一年一度的运动会、一直赞助主办当地冠名的足球杯赛事等。让人甚至疑惑：这家公司的老板，是不是运动员出身？

　　因此，有人颇有意思地评价周子鹏：可能中国有这么痴迷踢足球的老板，但肯定没他这么有钱；可能有他这么有钱的，但肯定没他这么痴迷踢足球。

　　这话确实说到点子上了。

　　从 11 岁起，周子鹏就迷上了足球运动，而且乐此不疲。但他着迷的是"运动"本身，是积极的参与，并不是一般意义上的"球迷"——坐在一边欣赏，或坐而论道的球迷，而是直接参与踢足球这项运动。再者，通常来说，作为业余足球队员，你平时喜欢参加组织或下场踢一下足球也就够了；作为做企业的，管着几千人吃喝的老板，你竟然除了经营企业，便是"玩"足球了，而你一个人玩也就罢了嘛，竟然偏偏拉着全体企业员工一起"玩"，每星期定期两次正规比赛甚至更多次数。这就难免不让人家"莫名其妙"了。

图 27-1　金富士集团一直赞助支持龙江镇超级足球联赛，冠名"斯帝罗兰杯"，这是周子鹏（中）为第三届超级足球联赛首场进行开球仪式

图 27-2　穿着 9 号球衣的斯帝罗兰前锋队员周子鹏，在场上顽强穿越对方的防守阻击

图 27-3　穿着 9 号球衣的斯帝罗兰前锋队员周子鹏，又一次举起冠军奖杯

图 27-4　周子鹏为金富士第八届企业运动会获奖单位颁奖

图 27-5　周子鹏最看重的是像这类的荣誉："世界的斯帝罗兰——热心教育事业，支持足球运动"

　　没错，这或者可称得上是"周子鹏现象"——一个把做家具与踢足球放到同等地位上去的人，一个用踢足球的激情和热情去对待事业、人生的人。

　　多年来，笔者作为周子鹏的"球迷"，曾欣赏过他无数次在场上的精彩博弈。这儿仅撷取其中一场日常赛场景，以与众人飨之。

　　2006 年 5 月 26 日午后，笔者从广州驾车出城，突然风雨交加，行到佛开高速，风雨太大，拨动雨刮快速挡视线也很模糊。还好，3 点赶到龙江，大雨竟然被我甩在身后了，这儿的天色只是一片黝黑。来到时代广场，只见周子鹏带着一班兄弟，已在楼下集合，整装待发。便问："大风雨就来了，还照样开波（踢球）吗？"坐在宝马上的周总探出头，招手笑着大声说："去！风雨不改！"

　　这也是周总一贯做事的作风：定下的事就得兑现，说一不二。

　　周子鹏率领斯帝罗兰足球队员，一溜车队开进顺德龙江职业技术学校。他们要与对方在此举行一场"足球友谊赛"。待双方球员进入球场后，风开始凉浸起来，接着，稀疏的雨点打在换好球衣的周子鹏的脸上，他似乎全然不觉，他穿的还是多年不变的 9 号球衣。搭档李永基照样精神抖擞，他穿的也是他多年来未改的 23 号球衣。两位正副总经理在场上的分工，仍然是一个是左前锋，一个是右前锋。斯帝罗兰队员穿着一身的红色，对方为白色。

雨开始密集起来。

这时，原先放着歌曲的高音喇叭，突然传出声音：是不是等下完雨再开球？那是校方领导在征求双方球员意见。我撑着伞，和众多朋友站在球场边观看，但见双方球员已分列成一线，恰似已开了弓的箭，显然，大家都没有因为天气的"恶劣"而退场。

这是斯帝罗兰常年进行的足球友谊赛之一，而眼下比赛则是在顺德职校师生的盛邀下进行的。斯帝罗兰生产基地被顺德职校列为该校学生实习教学基地，学校与企业间友好合作多年，双方都为当地经济文化建设做着贡献。

周子鹏借着开场之机，作了一番简短却是激情洋溢的讲话，为双方鼓劲加油，更是相互鞭策激励。

开场后 18 分钟，周子鹏接到李永基一个妙传，连续过了对方两个防守队员，将球一捅入网，周与队友击掌相庆。

再过 4 分钟，周接到队友传球，然后转送给李，李再传给队友过渡，球高高摆渡到球门左侧，周紧跟跃上，一个狮子摇头，球应声入网。周兴奋地高举"V"形手势，然后拍手表示感谢队友的合作。

这时，场上的斯帝罗兰队，一直占着上风，气势如虹。

雨，仍在下着，风是越来越大。

离上半场结束前一分钟，斯帝罗兰队员在禁区手球，被罚点球，对方轻松得分。

上半场，双方以 2∶1 比分结束。

下半场，风雨中，双方队员的技术都有点变形，一直僵持了 25 分钟，这时，周获得队友一个长传球，然后带球过人直闯禁区，在守门员封堵死大门的情况下，起脚劲射远角，打出一个漂亮的"世界波"，完成了一场精彩的"帽子戏法"。

全场比分 3∶1，斯帝罗兰队胜。龙江职业技术学校史校长为胜队颁奖。

随后，双方队员聚集在荣豪酒店用餐，借此机会，史校长与周总坐到一起，双方谈得很投机。他们谈培训、谈实习、谈使用人才。这时斯帝罗兰队守门员叶良洲过来与史校长祝酒，叶原是该校学生，学的是家具设计专业，毕业于 2002 年，先是在斯帝罗兰实习，后被录用，分在设计部工作，其表现出色，从设计部、配饰部、营销部到设计部总监兼总经理助理，现已成为金富士的高层管理人员，成为职校学生成长的一个榜样，也是学企合作的一个成功范例，而与叶一同在斯帝罗兰见证其成长的高管还有形象设计部总监温炳权等人。这也是顺德龙江职校的骄傲。

席间，周总谦逊地对史校长说："可能是你们'放水'，我们才打得这么好吧？"

史校长一脸的严肃："你们是真功夫，个人技术好，配合又默契，我们服了！"

对方的球员也说："你们太犀利啦，难怪斯帝罗兰经营得这么出色，行业里谁遇上这样的对手，想赢都难！"

周总此时才显出一丝儿自豪感："要说我们的队员，个人技术并不算太好，关键是配合得好，你看到吧，我们是不要教练在场上指导的，全是平时训练出来的，也就是平时怎么练，上场就怎么踢，是靠一个团队拧成一股力量去攻防，这也像我们做企业一样，调动和使用好各方面力量，同心协力创效益。我对这班兄弟的共同努力，一直很满意。"

饭后，队员们余兴未尽，有人建议去卡拉 OK，周总因事无法前去，他为此又匆匆作了解释："平时，每个人都有自己排遣压力或享受生活的方式，比如有的人喜欢打牌，有的人喜欢唱卡拉 OK，有的人喜欢打高尔夫球，而我最大的爱好是踢球。前天，与某队比赛结束后，他们都去唱歌，我没去，但我不反对大家去，讲到底，这也是个人的一点喜好嘛，开心快乐就好。"

看来，周子鹏痴迷于足球运动，个中涵盖的意义，远不是三言两语说得完的。

第二十八章

激情与快乐，比赚钱更重要

1997 年，在金富士创业 4 年之后，热衷于足球运动的周子鹏，便发起成立了斯帝罗兰足球俱乐部。这是龙江镇企业第一家以体育名义成立的俱乐部，其成立时间比之后来的顺德青年企业家足球俱乐部还要早两年。

斯帝罗兰足球俱乐部制定有完备的运作章程，属非营利性、非专业性的体育运动组织，会员便是每一个爱好或参与足球运动的斯帝罗兰员工，后来又扩展到社会上的足球热爱者，其中很多还是周子鹏小学到高中的同学，总之不拘一格，严谨又自由，活动形式更是灵活多样，目的只有一个：释放天性，享受快乐。

以周子鹏的说法：人世间拼搏不容易，每个人都有爱玩的天性，而足球运动便是最健康的一种娱乐性体育形式，在工作压力之下，通过足球，给大家提供一种"玩法"去放松自己，同时又可以把每个人潜在的"好胜"激情不断地激发出来，不仅对平常人的生活有帮助，尤其是对那些执著于人生大目标的人更有好处，那就是从运动中找回快乐，不断地宣泄、不断地进取、不断地点燃事业的激情、不断地争取属于自己生活的"冠军"。所以，周子鹏便选择了平民化且最有激情的足球，而不是贵族化的高尔夫球，他认为这也是自己坚持要做而且做得下来的一件事情，同时也是做对了的一件事情。

图 28-1　周子鹏带领的斯帝罗兰足球队，多次与中国香港明星足球队互访比赛，这是
　　　　在中国香港足球场上的两队"全家福"

图 28-2　由周子鹏组织的龙江—香港两地足球友谊赛，成了联结两地精神文明的一根
　　　　纽带

图 28-3　由周子鹏赞助的龙江镇一年一度的"斯帝罗兰杯"超级足球联赛，又一次被
斯帝罗兰足球队夺得冠军

图 28-4　交换了队旗，同时结交下了友谊

图 28-5　2008 年 1 月龙江镇镇政府授予斯帝罗兰荣誉牌匾

　　2000 年，在兴建金富士鹤山工业园区时，周子鹏便向当地政府申请要 200 亩用地，就同时把足球场、篮球场和其他的体育运动场地当工业用地规划进去。人家不理解，认为这个工业园区最大的一家厂也只用了 60 亩，你一个 20 多岁的老板敢拿这么多地，莫不是用来"炒"的？就没同意。周子鹏见一再解释也没有用，一赌气，竟然狠心高价收购了周边多家企业用地，不惜血本，就是想证明自己是在办工业，而且是在办一个新型的、健康环保型的现代化工业。就是用这高价土地，后来还真的在工业园里建成了一个自用的非营利性的足球场。有人笑他傻，你再怎么痴迷足球，也不该在自家工业园里建足球场吧，若是起一片厂房出租，那租金会相当可观哪。周子鹏听了，只是笑笑，没作任何解释。他心里明白：这是送给自己和员工的一份"享受"，别人是没法理解的。

　　不仅如此，周子鹏还有一个强烈的愿望，就是要在家乡龙江建起一个足球场，以作为企业与当地和外界"足球外交"的一个场所。在本来把足球场建在工厂里的做法已遭到非议的同时，周子鹏仍然继续"执迷不悟"，又开始了下一个"非分"之想。

　　一番苦苦寻觅，2008 年初夏，周子鹏要自建足球场的苦心，得到了龙江镇政府和有关部门的大力支持。于是，在北江之畔，歌窖水闸西面的那块浩浩草场上，"斯帝罗兰足球主题公园"项目被批复下来。

历经一年的规划和建设，周子鹏用足了心机，耗资 300 多万元，于 2009 年 7 月 29 日，斯帝罗兰足球主题公园得以建成。

在落成仪式上，龙江镇政府副镇长谭逢显为周子鹏颁发了"斯帝罗兰足球主题公园"管理权的授权牌匾。周子鹏当场对大家说："建起这个足球场，我比当初建起一座工厂还高兴。"

授牌仪式结束后，由龙江镇政府组织、龙江水利所主办、斯帝罗兰公司承办的佛山水利 VS 顺德水利足球友谊赛，在斯帝罗兰足球主题公园展开了首场角逐。引来众多的球迷现场观战助威。

当晚，在如同白昼的灯光下，斯帝罗兰足球队兴高采烈地上演了自己在本企业足球场上的"处子秀"。

作为龙江镇足球协会会长单位、顺德青年企业家足球俱乐部会员单位，斯帝罗兰足球队素以作风凶猛、脚法硬朗、整体作战能力强，全攻全守的独特打法而著称，是广东地区乃至中国民间足坛的一支充满阳光活力的年轻劲旅。斯帝罗兰足球队拥有良好的团队意识和团队精神，其热血硬汉、团结专一的形象获得了行业媒体的褒扬与球迷的广泛赞誉。

斯帝罗兰足球队自成立以来，曾在五届顺德龙江镇超级足球联赛中获得四届冠军、一届亚军，并在各项地区赛事中斩获多项殊荣。秉承"结缘四海，共享足球"的宗旨，多年来，斯帝罗兰足球队先后与到访的广东女子足球队、广东元老名人队、意大利友人队、好百年家居足球队等进行球技交流，并多次与中国香港明星足球队互访比赛及参加公益活动，为拓展足球运动、推进地区文化事业、建设和谐美好社会作出了积极的贡献。

与斯帝罗兰足球主题公园落成正好相隔一个月，也就是 2009 年 8 月 29 日晚，笔者头一回观看了斯帝罗兰足球队在此场上的一次演绎。

定好是晚饭后 8：30 "开波"，我随周总到达时只是 8 点。但见足球场坐落在龙江镇北面的北江大堤一侧，与中国家具商贸之都乐从镇隔河相望。由于三面环水，球场四周便用高高的铁丝屏网围拦起来，看上去恍如高尔夫球场的外观。然而，用绿树绿草围绕的高高崛倨在大江边的足球场，四周空旷壮阔，面前无遮无拦，但见江水哗哗轻唱，江风悠悠吹拂，让人顿觉心舒气爽，光是站在一边浏览，就已经赏心悦目，想想能在这样的场地中踢球，当属"至高享受"了。难怪之前小李曾骄傲地对我说："我们斯帝罗兰足球场，可能是全中国环境最靓的足球场哦！"

这是一个定位为七人制的星级足球场。足球公园内所有设备都是按照国际标准配置，灯光及各种休闲、观赏设施一应俱全，营造了一个无比舒适的比赛及观赏环境。

双方参赛队员陆续进场，轻松地在一边热身。笔者趁机与球场的管理员梁伯聊天。梁伯今年65岁，看上去比实际年龄年轻许多。他早年当兵后分配在广州海运局，退休回乡后觉得寂寞，找了这份工作。他说原来在船上运动多，爱锻炼，打理球场正适合自己。这时，梁伯的儿子带着两个孙儿过来，梁伯说，这儿空气好，一家人晚饭后都喜欢来这儿运动运动，儿子还乐于义务为大家当球童捡足球，因为这球场拦网再高，也有被踢飞出去的足球，每当这时，梁伯的儿子就赶忙过去把球捡拾回来。听父亲这样说自己，梁伯的儿子却笑笑：捡球也是一种运动嘛，在国际赛事上，球童可不是一般人都能当的。大家便开心地笑，体现出足球运动在这儿竟是一个"全方位"的快乐项目，我想这正是周子鹏热衷于建足球场的初衷。

这时，来了一个穿着斯帝罗兰球衣的"洋人"，周子鹏见了，连忙迎上前去，和对方握手寒暄，旁边几位斯帝罗兰队员也围过来和他随意地说笑，气氛很轻松。看得出，这位洋人应该是斯帝罗兰的老朋友了。他是伊朗Harmony公司首席执行官Farab先生，其公司也是一家集生产与销售为一体的家具企业，为斯帝罗兰在伊朗市场的战略合作伙伴，已与斯帝罗兰合作多年，主要销售斯帝罗兰产品，由其开办的斯帝罗兰专卖店已达3家，展厅面积过万平方米。他与周子鹏一样十分喜爱足球，双方虽然说不上因足球而结缘家具，但一定是因足球而巩固了合作经营家具事业的友谊。作为伊朗家具生产大企业之一，Farab先生在认识周子鹏后，被斯帝罗兰与C&C品牌所吸引，立即调整了生产与销售的格局，偏重做金富士产品的销售单位，随后果然尝到甜头，便决意紧紧拉着金富士一起发展。上月，他刚刚在伊朗首都德黑兰开了首家C&C品牌旗舰店，这次便是为采购新产品而来的，同时，他还为老朋友周子鹏带来一份珍贵的礼物——一只AC米兰足球队员集体签名的足球。

图 28-6　广东女子足球队与斯帝罗兰足球队在新落成的斯帝罗兰足球主题公园举行友
谊赛前合影

图 28-7　这是斯帝罗兰的一场"足球外交"，场上气氛从始至终都是那么友好

8：30 时，双方球员列队行过握手礼，球赛开始。

"很多时候，我们是不需要裁判的，只是 10 多天前，广东女足来和我们比赛，才有裁判的。"梁伯说。

都是很友谊的比赛，他们自己当自己的裁判，多年来周子鹏都是这样做，我想这也是周的一种生活态度的使然，正所谓"本来无一物，何处惹尘埃"，心动风才动，有公正的心在，公正就在，那么也就无所谓裁判不裁判了。

这次却来了个"庄严热烈"的"开场秀"——斯帝罗兰球队接受 Farab 先生赠送的 AC 米兰足球队员集体签名的纪念足球仪式，于是，全场鼓掌，队员合影留念。球赛还未开始，就先来一个"小高潮"。

图 28-8　斯帝罗兰球队代表周子鹏接受伊朗 Farab 先生赠送 AC 米兰球员签名的纪念足球

据说 Farab 先生为了获得这只纪念足球，动用了意大利的朋友，历经一番艰辛，才拿到这只足球。然后，他几乎"迫不及待"地飞到中国，他要尽快把这份心意和好朋友周先生一起分享。看看，商品的交换，远没有一颗心和另一颗心的交换更加迫切和富有价值。而这时，作为已经融入斯帝罗兰足球队的 Farab 先生，与周子鹏同为左右前锋，却充当着两个国家

"友谊大使"的身份，合力在场上共同进攻，虽然这是他们的第一次，但却默契得让人惊叹，当晚斯帝罗兰的 4 个进球，其中有两个都是周子鹏接到 Farab 先生的妙传，一触即蹴的。坐在一边观赏的梁伯，不停地为这位外国朋友鼓掌，还说："其实，那个洋人也可以自己入球，只是他都传给周总了。"

这就是团队或称之为合作的精神吧，足球运动，其锻炼人的良好素质之一，便是团队、合作，足球比赛的胜负，最能体现的能力便是整体队伍的合作能力，若光有一两个球星而掺杂一队乌合之众，任何"星"都会暗淡无光。

第二十九章

周氏团队精神（一）

这是一个年轻的企业家，从 22 岁起当老板，至今 17 年，今年 39 岁。

这也是一个年轻的企业，这个企业仅有一个"少年"的年龄——17 个春秋，而这个企业的工人平均年龄是 25 岁，企业的老龄退休人员是零。

要问这个企业的核心竞争力是什么？周子鹏会很肯定地给出一个答案：团队精神！

图 29-1　2007 年 5 月金富士企业一年一度的企业运动会，"巾帼英雄"展开拔河比赛

图 29-2　2007 年 5 月，员工业余篮球赛

图 29-3　节假日职工欢聚一堂，相亲相爱

图 29-4 只要挤得出时间，周子鹏夫妇（后排右一、二）都乐意与员工们一起到名山
大川、江河湖海去登临踏足，寻古探幽

图 29-5 周子鹏在舞台上与自编自演家具秀的斯帝罗兰员工一起举着"V"字手势，此
刻，那个拥有总裁头衔的周子鹏宛若一个十分童真的孩子

金富士的核心竞争力还有很多，诸如超强的设计研发能力、用"创新领先"精神涵盖企业的经营与管理、目标专一与做专做强等，但周子鹏却始终把"团队精神"放在第一位。

"我的拍档（周子鹏喜欢称员工为拍档即同事，可见对待员工态度的平等）单个可能不是最犀利（厉害）的，但集中在一起使用时，却是让我满意的，我比较欣赏我们的团队精神。"周子鹏曾这样告诉过笔者。

周子鹏所说的"团队精神"到底是什么呢？

笔者理解的是：金富士团队成员共同认可的一种集体意识，是团队所有成员的心理状态和工作士气，是共同价值观和理想信念的体现，是凝聚团队、推动团队发展的精神力量。

美国管理大师彼得·德鲁克就这样评述过："一个人靠一种精神力量生存和发展，他的信念决定他的生存状态。一家企业也是如此，无数的个人精神，融汇成一种共同的团队精神，这是一家企业兴旺的开始。"

自觉的团队意识，早在周子鹏11岁踢足球那年，就开始形成，待到11年后也就是他22岁创业那年，便被他很好地运用到办企业的实际中去。他知道，光靠孤胆英雄单打独斗，是没有大出息、大作为的。所以，他先是拉了同学李永基进来做伴，一同管理新组成的团队，然后，便是以"足球团队"的管理和作战模式，逐步培养起一支具有"球队意识"的企业队伍，逐步形成了一种金富士独有的团队精神，在家具行业中建功立业，所向披靡。

周子鹏一向重情重义，从小就爱结交朋友，做事情也喜欢邀朋结队，在他身边一直围绕着一班好同学好朋友，他小时爱与同学一起踢足球，一起卖冰棍，一起做泥水工。到后来走上社会，创立金富士，也是邀来几个股东一起经营的。其与生俱来的"结队"、"合作"精神，让他在事业上总是"一个好汉三个帮"。他经常在不同的场合向"拍档"们强调："企业的成功不是靠我和几个股东来实现的，必须通过大家的努力，个体永远存在缺陷，而团队则可以发挥每个人的最佳效能，可以创造完美。一流的工作团队之所以出类拔萃，是因为他们的成员能抛开自我，彼此高度信赖，团结一致为整体的目标作出贡献。"

在金富士第一届企业运动会开幕式上，周子鹏和同事们讲了一个故事：

在一次世界杯赛上，巴西队成为夺冠热门，因为巴西队中拥有小罗、卡卡、阿德里亚诺、罗比尼奥等明星球员，堪称"五星级"阵容，被媒体称为"史上最强的巴西队"。

在进八强的对抗赛中，巴西队遭遇了法国队。

当时著名的足球评论员罗西得认为："巴西这次不像一支强队，只像一群没有凝聚在一起的天才球员"；球王贝利也对巴西和法国相遇产生不祥的预感。最终的结果是，法国队的一个点球，让巴西队止步八强，巴西队夺冠梦想再次破灭。为什么拥有明星阵容的巴西队会失败呢？因为球星之间各自为战，整体配合不好，个人能力再强，也比不上一个团队的紧密合作；而法国队正是凭着团队协作的优势，聚集团队成员的所有力量，最终击败强敌，成为胜者。这就是典型的"恶虎斗不过群狼"的例子。

周子鹏接着说："个体的力量再优秀也是有限的，发挥团队的力量则可以实现个人难以实现的目标。所以，我们每一个同事都应该从公司的整体利益出发，从团队的角度出发，树立团队协作意识，树立对团队工作认真负责的信念。同时，要增强我们团队的自豪感，凭借集体的共同努力，战胜所有困难，实现自己的人生价值。总之，我们每一个人都很棒，如果加入团队则会更加成功。因为，没有完美的个人，只有完美的团队！"

这是周子鹏以体育运动培植金富士团队精神的一次"宣言"，也是他日后坚持以体育运动带动家具事业，以家具事业促进体育运动，从而培育出一支激情奔放、健康向上的金富士团队，并形成了金富士企业的核心竞争力，成为金富士制胜的"法宝"！

周子鹏时时处处刻意要从培植金富士团队精神出发，首先，从第一届运动会起，设置比赛的 14 个体育项目，就全都有"团体赛"，以各车间、各部室为单位展开角逐，就是精英赛，也是集体的荣誉，把"成功"或"失败"都记到"团队"上，以激励或警醒每一个成员，从而齐心合力为"团队"博弈，共同分担、分享。由于有着强烈的团队意识，让"好胜"的欲望时刻刺激着每个成员，让大家时时处处朝着"我们就是冠军"进军，慢慢地，金富士独有的企业文化——"周氏团队精神"，也就自然而然地生成、发扬光大。

图 29-6　企业每次重大庆典或联欢，都是金富士员工自娱自乐。周子鹏（左四）与李永基（左一）在集团 15 周年庆典时给 9 个获奖节目组颁发奖旗

　　笔者采访过金富士"元老级"的一位员工，他叫肖元先，比周子鹏还大一岁，江西永新县人，1997 年进沙发厂，是一名打底工，他主要是负责沙发生产最基础的那部分工作，有点像建筑的泥水小工，不同的是他得天天做同样的十分单调的工作，这也是非常枯燥乏味的工种。但是，当他一旦认准这个团队的领头雁周总，认好了这个"有出息"的团队时，他为自己能成为其中一分子，感到骄傲、自豪，就下定了决心：这辈子就都在这儿做了。

　　肖元先说："开始我也是大方承认自己是金富士的员工，当然了，当别人问到我具体做哪些工作时，我就有点吞吞吐吐，因为，对我来说，要告诉人家我做的是一份打底工（现在为师傅）会有点难为情。现在就不是这样了，当有人问起同样的问题时，我会说我是这个优秀团队的一分子，而我们所做的，就是以最好的设计方案、最合理的成本为全世界用户制造最好的家具！"

　　肖元先的个案告诉我们：一个人工作的最大动力不是职位，也不是薪酬，而是来自真心喜欢他的工作角色所激发出来的自发性和自觉性。以前肖元先只是在他单调的工作岗位上埋头苦干，现在他清楚地知道了团队的目标和荣誉，他开始感受到自己这份工作的意义，开始努力地提升工作品质，并为自己能成为这个优秀团队的一员而感到自豪。就算是十几年来一直做这最底层的工种，那又有什么不好意思呢？要知道，这是一个优秀团队，我一直能坚持在这个团队中，那就足以证明，我同样也是优秀的。因为，肖元先已认同了团队的价值和精神，从融洽的人际环境中感受到工作的独特价值。也就是说，通过团队精神的培植，人们自然而然地从与团队成员的合作中找到工作的乐趣，由此激发全心全意投入其中的工作积极性，并对自己的工作在认识上产生了本质的变化。同样的工作内容和方式，一旦融入了团队意识，带来的则是心态上、精神上的巨大改变，因为他们理解并掌握了工作的意义，所以他们成为工作的真正拥有者。

第三十章

周氏团队精神（二）

　　这就是周子鹏培育的团队精神的能量——核变的能量！

　　"招聘员工时，我们有一套严格的标准，但其中最重要的是要有团队意识和团队精神。"金富士人力资源部总监罗建云说："即使一个人的能力很强，但其团队精神比较差，这样的人我们不会要。我们甚至会了解应聘者对体育运动有哪些爱好或专长，相比之下，两个应聘者中，我们首先是录用爱好体育运动的，我们看重的就是充满活力、激情，又有团队精神的人才。"

　　看看，周子鹏推崇的这一企业核心竞争力，已经深入到企业管理的各个层面。其实，这与日本的经营之神松下幸之助的管理就有异曲同工之妙。松下说："松下不能缺少的就是合作，合作使松下成为一个有战斗力的团队。"松下有一个奇特的用人观，即"糊涂的 70 分原则"。他认为只要公司适应，不管什么样的人才都可以用，才能过高，反而不一定好用。才能过高的人，会认为在这种职位上很浪费，工作积极性不高；相反，换成一个才能一般的人，也就是指 70 分的人，他却会感激你的信任，尽心尽力为公司服务。当然，这与松下公司的发展史不无关系。松下公司起步之初，资金薄弱，所以只能任用三井、住友、三菱等大企业不要的人，而正是这些人，使松下的团队力量得以发展壮大。

图 30-1　由斯帝罗兰一线员工表演的"千手观音"别有一番风韵

图 30-2　打造一个学习型、培训型的团队

图 30-3 　都以为是玩海玩累了，要集体休息一会儿，其实是借着背后高高的大海堤为背景，这支团队要摆出一个让人看起来很"酷"的"姿势"，留下一个不同凡响的合影，而老板周子鹏夫妇就"混"在员工中间，你就是很留意，也不容易找出他俩来

图 30-4 　金富士集团 15 周年庆典，周子鹏与他的团队齐声同唱周华健的《朋友》

　　企业的发展需要每个员工的协同配合，这就要求每一名员工都要具备强烈的合作意识，注重与其他成员之间的合作。周子鹏深谙此道：合作产生的力量不是简单的加法，团队的力量远远大于一个优秀人才的力量，"1＋1 大于 2"，协作的力量要大于每个人力量的总和。他认为：团队精神集体体现的就是合作，是大局意识、协力精神和服务精神。团队精神要求成员有统一的奋斗目标，需要彼此信任，需要适度的引导与协调，需要有统一的企业文化理念的传递和灌输。团队精神强调的是组织内部成员间的合作态度，为了统一的目标而努力，并且成员能够认识到自己的那份责任，为了目标奉献自己的力量。团队精神反映的是个体利益和整体利益的统一，以保证组织的高效率运转。因此，团队精神必须要有制度体系来维护和巩固，比如球队的纪律性和严肃性就是在赛场上发挥团队精神的有力保障。

　　这使我们想起微软公司，微软让数以百计的雇员成了百万富翁，可是，他们中的许多人在获得了经济独立后，却仍继续留在微软"卖命"工作。在一些人看来，这些百万富翁无疑是发了神经病。的确，大多数人认为，发财就等于取得了辞职的资格证书。那么，是什么使这些百万富翁在获得经济独立后仍为之卖命工作呢？答案只有一个，那就是完全超越了自我的团队精神。这种团队精神，在微软公司落地生根。微软人认为，他们不属于自己，而是从属于微软这个团体。

　　我们再把目光定格在金富士。跟随周子鹏从创业之初走到今日的几位元老级高管，16 年来，一直是公司"最高位的打工族"，当然，他们也领到了相应不菲的薪酬，在经济早已独立和具备相当管理能力的条件下，而且又是在中国家具制造重镇从业，按理他们早该自立门户，出去做自己的老板了；退一步说，每年还有数不清的同行高薪"挖墙脚"诱惑，凡此种种。但是，他们却不是这样想，更没这样做。他们都说：自己在这儿能找到实现人生价值的乐趣，还有一个非常值得自己骄傲的团队荣誉感，他们都为自己是金富士的一分子而自豪。他们认为，世界上的钱是挣不完的，跟随一个好老板，拥有一班好的合作伙伴，开开心心做事，比起一味埋头赚钱更能感到幸福和快乐。说到底，他们看重的是相处的这个团队。

　　斯帝罗兰国内市场营销总监陈箭，曾在某电器公司服务多年，投奔到周子鹏的麾下后，对周子鹏打造的团队精神非常欣赏，他说：

我们公司的人事管理采取"仁者制仁"的管理模式，相信每一个人都有自己的独特思想，只要能够发挥出自身的长处就可以，所谓"众人拾柴火焰高"。公司首席执行官周子鹏先生经常跟员工说，"企业是我的，也是大家的，一个好的平台，一个好的资源不是单独供哪一个人所享用的，而是供大家所共同享用的；公司未来的前景是属于我们大家的。希望每一个人都能够把公司的事情当做自己的事情，公司的未来就是自己的未来！"作为掌舵人周子鹏先生就非常强调团队和个人的和谐统一，如果说团队的根基是99，那么只有加上个人的1才能达到完美的100，所以每个人都是不能被忽视的，同样，只有把1和团队的根基99"绑"在一起，个人才能发挥最大能量。在斯帝罗兰这座巨舰里，我们每个人都是战斗的一分子，"一荣俱荣，一损俱损"，只有打造这样的铁军和团队，我们才能在残酷的市场竞争中生存和发展，也只有这样的铁军，才能真正做到"运筹帷幄之中，决胜千里之外"。

团队，团队精神，以周子鹏为团队精神领袖的金富士，凭借团队精神，所向披靡，创造出行业的一个个奇迹。

第三十一章

创新，皆有可能

创新是一个企业的灵魂和动力。一个没有创新能力的企业，无法屹立于世界先进企业之林。

周子鹏被人称为"时尚先生"，而"时尚先生"首先体现着与时俱进精神和创新精神，代表着新潮、风尚、领先等多重含义。平时在生活中，追逐时尚，善于创新的周子鹏，其掌舵的生产企业，同样地也带有其鲜明的个人魅力和个性色彩。

这也是所谓"老板性格决定企业性格"的一种现实反映。

所以，也就注定金富士企业是一个"时尚"、"创新"的企业。

在中国成长时间不长的现代家具产业中，尤其是软体家具方面，这些年来，技术克隆、抄袭成风，产品同质化、外观相似化、功能超同化的现象惨不忍睹，严重地制约和阻滞了这一行业的发展。

周子鹏从介入家具行业起，就一直是大家公认的"不安分的家伙"，"他做什么事都比人家多一种主张"。就连他的太太萧菲也这样评价："他这个人，总有自己特别的想法，很多时候是别人想不到的，他竟然想到了，也做到了！"

这是了不起的。

图 31-1　在各种场合，周子鹏总是不厌其烦地向他的团队强调企业家创新精神，培植
　　　　企业创新因子

图 31-2　斯帝罗兰高端家具就是靠"创新"成就了高度

　　凭着"比别人多一种主张"的富于创新的思想，周子鹏带领金富士企业，在很短的时间内，便完成了从仿造、制造到创造的历史蜕变，在别的家具企业20多年来始终深陷于"制造"——工匠型的低端泥淖中无力自拔时，周子鹏一手打造的金富士，早在多年前就进入了设计型的高端创造阶段企业，铸造了一个在产品设计和生产上坚持创新、引领潮流，能够强有力地统摄和牵动家具市场风向的标杆企业。

　　早年，虽说是仿造，把从中国香港买回来的洋品牌沙发"照葫芦画瓢"，但周子鹏却总能从别人认为完美的产品中找到不足，从而存良去莠，创造性地设计出属于自己的产品。所以，还在创业的第一阶段，别的家具厂只顾一味按哪样产品"好卖"，就模仿哪样，甘愿跟着别人屁股后面转，也就一直走不出仿造或制造的初级阶段。但周子鹏却很快从"设计"入手，他要做金富士自己的产品，要做富有本民族特色的原创产品，要做世界上独一无二的产品，总之要比别人多一种"主张"。

　　立足于培养自己的设计师，周子鹏第一个在本地企业内部成立家具研发中心，携手与顺德职业学院、中南林业学院等院校开展产、学、研一体化科技创新活动，聘请了一批国内著名的专家教授担任企业科研顾问，配备了一批由业内杰出的设计师组成的攻关团队，在现代家具设计技术中探索、闯关，为中国家具业的创新和发展，走出了一条具有本民族特色的新路子。

　　周子鹏认为：每个人都有向往高品质生活的愿望，而陪伴高品质生活的就是要有一个令自己心仪的家庭空间。这样，房间内具有灵性的家具，便是这个空间里心情调节的使者。家具伴随着人类文明的发展而行，反映不同时代人类生活状况和生产力水平，更从一个角度反映了当时的社会风貌和审美情趣，融材料、技术和艺术于一体，同时通过设计师技艺的提高和对家具在家中地位的理解的不断加深，以及技术的进步和新材料的发掘，不断达到新的高度，所以，时尚和创新，在家具企业中显得尤其重要。

　　中国家具制造重镇龙江，是周子鹏的故乡，也是改革开放初期中国现代家具发端的故乡，由"故乡人"中素有引领生活时尚的周子鹏去引领中国现代家具的"时尚"，那其实就成了一件自然而然的事。周子鹏把"做家具"当做是对家具文化、艺术与"以人为本"的和谐对接，从开始通过斯帝罗兰品牌诉求的一种"生活艺术"上升到日后的"一种生活主张",核心都是从属于人本主义的"生活",因为任何家具都是服务于人,服务于生活的。而中国现代家具必须跟上甚至超越中国经济的快速发展,这才有出路。中国的很多家庭,过去使用的家具更新很少,一些家庭也许一代人就使用一套家具,但现在,国民生活水平快速提高,人们对居家生活质量的要求与日俱增,已不满足于家具色彩的单调、款式的陈旧、功能的有限和种类的欠缺,不满足于家具仅仅是物质生活上的价值,而是上升为一种精神的、艺术的、文化的追求。这就使得家具与人们生活的联系变得复杂和多元化,给家具行业提出的课题也不断地增加,从而迫使家具从业者跳出原有的设计、生产和销售模式,用一种全新的理念来经营自己的行业。正是基于这一点,周子鹏让自己背上了行业的"十字架",将金富士恒定为民族家具的"风向标",也就是行业"创新领先"的标杆企业。

10多年来,周子鹏孜孜不倦地求索,他一直坚持不懈,他做到了。

第一是产品的设计。周子鹏是金富士的首席设计师,其对产品的创新设计理念,支撑着整个设计研发中心的活动过程,在对时尚家具进行创造之前,设计先行并不仅仅是依赖现代计算机技术来完成,而很多时候是周子鹏对一件作品的理解、追求的意念,随之通过强有力的主创团队,依据其对现代比较前沿的诸如材料科学、人体工程学、计算机模拟技术、材料形态学以至化学、物理学、机械学等科学领域的涉及,进而介入环境保护科学、数理统计学、人体生理学和解剖等学科,可以说是综合了许多学科成就的一个产物,这就摆脱了中国传统家具功能化的弊端,摆脱家具只是用来使用的简单价值取向,从而让现代家具蕴涵着丰富厚重的现代人文、科学艺术等要素,这便是斯帝罗兰品牌其中的一个诉求:"我们卖的不仅是家具,还是一种生活主张。"

周子鹏就这样说过:"我搞家具设计这么多年,思考最多的问题之一,就是我们中国的家具究竟缺少什么和需要什么?我坚信,必须把本民族的历史与现实、传统与现代、文化与技术、精神与物质还有世界潮流与中国特色等真正地结合起来,才能使家具这个不起眼却在社会生活中不可缺少的产品变得更加人性化、科技化,让家具的'价值'在我们这代设计师的手中,体现得最充分。"

　　第二是产品的制造过程。金富士的生产设备都是世界最前沿的，就连西班牙、意大利的行业人员前来参观时也这样认为。金富士的生产流程及生产过程管理，也绝对不亚于欧洲的企业。从下料、切割、整形、加工到粘胶、组装等各个工序，所使用的设备都是国际上最先进的，大型的设备都是计算机自动化控制，彻底颠覆了一般人认为的做家具都是"低端"或是凭人工的气力活的传统看法，而且凡是进入金富士工厂的生产设备，大多都经过"为我所用的革新、改造"，正所谓"工欲善其事，必先利其器"，周子鹏凭借着创新的、高科技含量的武器，从而让创新的设计从蓝图变为现实，这就是其产品总能胜人一筹的重要利器之一。

　　第三是管理的科学创新。金富士在周子鹏"足球法则"——足球是圆的，结果皆有可能的影响下，依靠团队精神和力量，以"进攻与防守兼顾"的创业激情，不断刷新"进球"纪录，走出了一条"创新领先"的新路。他们的这种管理不是依靠权威和经验的管理，而是根据科学管理的理论，结合自己的实际形成的一整套独特的管理模式。周子鹏凭借金富士这种特有的管理模式，加上与时俱进、不断创新，从而把金富士带向一个坚持"时尚"与"创新"的天地，一览众山小。

第三十二章

常规是用来打破的

作出正确而及时的决定，意味着偶尔也必须去冒一定的险。如果总是想着风平浪静、小富则安地过日子，那自己永远不会有大发展。成功者往往是那些能够摆脱条条框框的束缚，在行动中敢于打破常规的人。

周子鹏就执意让自己成为这样的人。

2001 年，金富士生产经营的斯帝罗兰沙发和床垫，在市场上十分畅销，经销商订单一直得按先后顺序排队一个月以上才供货，公司加大力度在鹤山沙坪扩建厂房和引进更多的先进生产设备，以解决产品供给问题。然而，这时周子鹏却毅然作出一个惊人的决定：金富士要上一个五金家具厂。

这是周子鹏"吃着碗里的，看着盘里的，想着锅里的"的一种习惯性经营思维，他总能在常人不经意间作出重大的"打破常规"的行动。

这首先引起各地经销商的极力反对，认为眼下沙发和床垫产品不愁卖，排队都拿不到货，光扩大原有产品的产能就万事大吉了，没理由还分散力量去顾及其他；集团决策层成员也同样认为，鉴于企业现状，要扩大生产，也只能在原有的两大工厂上下工夫，还没具备另外拓展新项目的条件，处理不好的话，会同时把新老厂一起拖垮，冒太大风险。

图 32-1　2005 年 10 月周子鹏与西班牙家具商会领导（中）合影

图 32-2　斯帝罗兰品牌让人们的睡眠成为一种奢华的享受，一种生活的极致主张

图 32-3 2007 年 4 月，金富士首席执行官周子鹏（中）视察专卖店经营情况并与店员合影

但周子鹏却是个胸有大目标的人，他从建设整体家具生产企业远大理想出发，认为在两大家具厂走向成熟后，必须立即拓展下一个配套生产项目，他明白虽然加大原有产能可能赚钱更多更快，不用冒风险，加上新上项目一般都得要三几年后才有收益，且说不定还有亏损甚至失败的可能。然而，周子鹏是个善于改变自己命运、也善于改变企业的命运的人，他不一定比别人"会"做，重要的是，他比别人"敢"做，他不会循规蹈矩，也不会左顾右盼，他敢于打破常规，在别人普遍不敢去做，不敢去冒风险的当儿，却毅然站出来，力排众议，大胆出手，硬是花了近千万元，把个五金家具厂办了起来。

由于当时家具行业客观环境的影响，金富士五金家具厂"表面经营"开始并没有预期那么好，还引来一些"聪明人"要放长眼光看他周子鹏如何"不得好死"。其实，金富士五金家具厂第二年就已经盈利了，到第三年已经很火，也就是三个厂比翼齐飞，而最得益的反而是原先最反对设新厂的经销商，因为有了五金家具的配套互补，整套家具被外界认定为"同一品牌大公司"设计生产的，使之更能招徕消费者的喜爱和追捧，金富士整体家具形象更加深入人心。

正所谓：能行非常事，必有非常功。

巴顿将军说："在战争中，只要你有勇气，没什么是做不到的。"

周子鹏说："当你在做事业时，不要仅仅因为过程中潜伏着危险，就缩手缩脚。如果你确信自己是正确的，就应该勇往直前。"

在周子鹏的身上，体现了一个敢于冒险的年轻企业家的鲜明特点。敢于打破常规者，乃"非常之人"是也，其非常之处，主要体现在胆识和勇气上。

为了配合时尚价值观的有效表达以及市场趋势，金富士整体家具一直在延伸自己的产品链。2003 年，周子鹏再次出手，要兴办一个板式家具厂。自然，这同样遭遇了众人的一致反对，没几人看好。然而，周子鹏又一次显示出"与众不同"的胆识与理念，又一次体现了"成功是成功者的通行证"，留下了一页具有"碑记"式的打破常规的企业创业史，至今被大家津津乐道，引以为傲。

周子鹏这样讲述："2003 年，我有了办一个板式家具厂的想法，便先利用五金车间的场地去加工板式家具。从 2004 年起，才另外建起板式家具厂房。开始，客户也是一片反对的声音，也和原先上五金厂一样，认为又要大家冒一次风险，都不理解。也就是说，差不多是我每次大的决策或行动，大家开始都跟不上，这里面究竟有什么差异我不得而知，但后来成功了，大家也就认同了。"

只要是周子鹏认准了的目标，一般的"反对"总是难以阻挡的，他依然会信心"爆棚"地走下去。你说他是幸运也罢，英明也罢，总之每一项战略决策推行一段时间后，合作伙伴们都惊奇地发现这是"好计谋"，是符合市场需求的。到现在，无论周子鹏怎样打破常规，怎样推出什么大胆想法，如大力推举 C&C 高端奢华家具品牌、向全球推行斯帝罗兰品牌专卖店营销模式、投资兴建河北香河亚太家具城、投巨资筹建斯帝罗兰国际生活体验馆等，斯帝罗兰的合作伙伴们都举双手赞成，因为他们坚信，跟着周子鹏的思路走，肯定没错。

想法只是头脑里的智慧，有勇气去尝试才是成功的关键。只有敢于打破常规去尝试，才能表现出"想法"的存在价值，想法才会变为现实，才能一步步地接近成功。

周子鹏深有体会地说："事实上，每个人所拥有的机会都是平等的，成败的区别只是：成功者敢于打破常规，有勇气去尝试和冒风险。我反对做事不管三七二十一，一味蛮干妄干；但一旦瞅准机会，就得立即行动，敢于去尝试，因为不敢去尝试，就永远都没有机会。"

第三十三章

拉着大家一起挣钱

与周子鹏一起经营斯帝罗兰的股东，谈起和周子鹏这些年一起合作的岁月，都表现出对周子鹏一致的敬重和感激：周总不仅拉着大家一起挣钱，还教会大家如何做人，我们既分红到巨大的物质财富，还分红到巨大的精神财富，这才是我们觉得最宝贵的。

其中，斯帝罗兰生产管理中心总经理张世牛，是这样说出自己的心里话的：

我是湖南益阳人，师范美术专业毕业，先后当过教师和工人，1993 年下岗。1995 年到广州，找到在广州美院进修的同学（四川人），后进入集美设计公司。1997 年夏，同学毕业后，我俩开始合作，接一些工程设计、画效果图等业务。

当时我们在做一幢别墅的设计，被周总看到了，问是谁做的，经介绍找到我们。他正筹划建一幢别墅，找了佛山某设计院，觉得不行，便叫我们先做出效果图，他看后觉得可以，给了 2 万元，说好按照别的公司的设计费 13 万元价格给我们做，设计图纸、预算等做好后，便签了合同。当天，他带我们去看他乐从的一个展销店，那个店准备装修，只让我们出图纸。他说：这个先由联邦公司来做，因为之前与联邦有合作关系，但这不要紧，我还有一幢办公大楼，年底建好，就由你们来装修。他很注重协调各方面关系。

当时，他们准备建一座办公大楼，也就是时代广场，先是请佛山某设计院搞外观，花了 10 多万元设计费。我们看了，觉得不好，他说：你能不能把时代广场的外观给我们弄一下？我和同学答应可以。当天晚上，我们就开始找资料，刚好找到某个国家的飞机场停机大楼外观，受到启发，从中吸收了某些好的特点，一周下来，便设计出来了。周总看了很满意。

时代广场当时是周总他们 3 个老板合作的。由我们施工，就不收设计费。做到 2001 年 8 月完工投入使用。记得是 2001 年 4 月的一天，他请我和同学一起吃饭时，征询我们说能不能合伙搞一个金属家具厂。我们也不懂，就答应了，过后又犹豫了，到底放弃广州那边好，还是做原来的好？但看到周总开着宝马，年轻有为（他与我同龄，1971 年 9 月出生，我 1971年 12 月，他大我几个月），拥有别墅、工厂、靓车，我认为跟他做应该不成问题，但是，我们广州公司也做得可以，集美给我一个办公室，不收租金的，只收十几个点的管理费，按一个额度，每年除开费用，我们每人也能分到 20 万元左右吧，所以犹豫。再加上这一行我们不熟，还有我小孩还没出生，太太正大着肚子。不过周总的为人感动了我：一是别墅设计费 18万元，兑现了，一般惯例是尾数很难收；二是有个工程给联邦做后，另外又找工程给我们做，很讲义气、信用、诚实；三是他当时很有活力、年轻，能开宝马，住别墅，盖大办公楼；四是最关键的一个理由，当时我也看得出来，他有意识地在观察和培养我们，那时，他去深圳、汕头看别人的家具销售店时，都带我们去看、去跑，因为我们不是做这行的，他肯定有他的想法。就是这四大理由，我决定跟他做。

我的同学认为，那广州的公司还是留着吧，万一这边不成，再回去，留条后路。

当时这样合作：出资相同，按 1/3 比例平分股份。其实我们没钱投入，全由周总出，只是按银行的利息计借出的股本。

我的同学负责公司产品形象设计，也就是现在温炳权的位置，我负责生产、组织管理、开发、财务等工作。周总 2001 年 3 月提出这个方案，后达成一致。租了周总舅舅 1200 平方米的厂房，我从 4 月 14 日出来开工起动，组建团队运作。

图 33-1　在金富士 15 周年庆典上，周子鹏（左一）邀上张世牛（左二）与伙伴们一起祝酒

图 33-2　周子鹏（左二）与太太萧菲（左一）为来自全国各地的斯帝罗兰经销商祝酒

前三个月，我们和周总都是没领工资的，分工弄好了，周总利用他以前的平台去销售。第一年底，没钱，只领每月3000元工资，共领2个月的工资。

第二年1000多万元销售额，因为我们投入不是很大嘛，利润算是很可观了。

2002年在鹤山买两块地，2003年沙发与五金厂搬到鹤山。我们后来租了别人的厂5年，到2008年买下现在的厂房。

2004年上半年，我的同学认为做3年一分钱拿不到，因为赚了的钱都投入去继续生产了。第二年，我们每人领5000元月薪。我同学的女朋友正在读研究生，需要钱，他不想在这了，要回广州去。还有，他在负责设计方面有压力，周总对设计比较挑剔嘛。压力加上3年没收到钱，5000元工资还要拿老本出来花。他问我，退出来他能拿到多少钱，我与他算了一下，估出一个数来，他觉得比在广州还能多拿一些，也满足了。我和周总反复劝他，他就是不听。周总向他建议：要不我们在广州开设计公司吧，让你在那儿负责，平时你也可以接一些别墅设计业务，也算是3人合股的。还可以照顾你，比如我们厂要设计专卖店，人家收1万元，你就收1万元，这钱给你去赚。即两边的公司都保留你的股份。但他还是不干，走了，我们把企业很紧的钱，分两次兑现给他。

后来，他的股份，周总与我对分，一人一半。其实，周总应该把我的同学的股份全拿走的。我过意不去，说："周总，你全拿去吧"，他说："不，大家平分。"这样，这个公司到现在还是我们各占50%的股份。所以，我认为：周总是一个完全办企业的人，完全为事业的人，不是光为赚几个钱的人，不计较小利的。他完全可以拿走我同学的那部分，因为这个公司是他筹划出来的。我想我顶多拿40%吧，他说不成，一人一半，50%。

通过这件事，我发现周总就是追求一份事业，是一个非常有胸怀、有抱负的人，所以决定一辈子跟定他。

其实，我为同学的退出感到惋惜，因为工厂开了3年，后两年来一直有钱赚，现在已到了收获季节，他却半途离开了。

2001~2003年，搞好时代广场后，是一个飞跃；2003年搬到鹤山又是一个飞跃；2004~2005年，又是另一个飞跃。

我们是独立核算的。家具行业的规模一般比较小，靠管理和员工技术熟练程度来提高生产效益。比如，企业很难招到人，那证明你的生产成本下不来。这个行业，目前很难形成寡头，只能是形成一个完全"竞争"的行业。

我因为在厂里直接操作，知根知底，知道它的前途嘛。

我们斯帝罗兰是在做大众品牌，定位非常清晰。

对周总，我是充满敬意的。在创业初期，他可能是实干家，比如生产、销售、管理等，都管；现在我希望他有个转身，转为一个政治家的角色，从战略上考虑，从企业的架构上调整，然后协调好各个部门，把市场的大布局把握好。只有从整体上去考虑，你才能全面。他只有平衡好人，平衡好人的思想、人的收入，这样，企业会走得更快。

能跟上这么一位善于拉着大家一起挣钱的老板，我为自己感到幸运，我对周总满怀感恩之心。这是我的真心话。

第三十四章

只有共赢才是真赢

中国家具行业领导人曾这样评价过周子鹏：周先生的贡献不仅为行业做出了个榜样，还为这个产业链每年培养出一大批百万富翁、千万富翁。

不错，这个行业的产业链很长，其中原材料供应、产品销售便是两大环节，仅是国内斯帝罗兰经销商就有 1000 多家，每年销售额达千万元的有相当大一部分，有些甚至已过亿元。他们当中与斯帝罗兰合作 10 年以上的占据了经销商总量的 80%。在家具行业，厂商之间的关系向来松散，有的只是一种简单的买卖关系，少有牢固的战略合作伙伴，更没有什么长久的共赢理念。但周子鹏的斯帝罗兰却是个"另类"。

所以，这些合作者都说，有幸"傍"上金富士，跟周总学习做人做事，与金富士品牌一起成长，一起壮大，感到很满足、很自豪。

其实，这正是周子鹏做企业的初衷：与合作者共赢，与社会共赢。

在金富士集团成立 15 周年庆典时，我们留意到：斯帝罗兰在华南区的重点市场广州的代理商吕文轩，从斯帝罗兰首席执行官周子鹏手中捧起"中国最大销量合作伙伴奖"时，幸福的笑容溢满了那张年轻的脸。

图 34-1 在金富士15周年庆典上，周子鹏为"中国最大销量合作伙伴奖"获得者——斯帝罗兰在华南区的重点市场广州的代理商吕文轩（右一）颁奖。吕文轩激动地说，自从与周总合作，就改变了我的一生

图 34-2 穿着时尚的周子鹏，总是乐意把自己的经营管理经验传授给全国各地的斯帝罗兰品牌专卖店店长

因斯帝罗兰而改变

记者：吕总的成功，是我们很多经销商都想借鉴的，请您谈谈经营斯帝罗兰的经验。

吕总：我是一个地地道道的广州人，从小在大都市长大，社会经济的快速发展刺激着我渴望成功的梦想。一个偶然的机会，我进入了家具终端市场创业。刚开始，我选择当时最热销的板式家具，组建起了自己的销售团队，生意比较红火。然而，到了2000年，随着社会生活水平和购买力的提高，人们的家具消费观念有了很大变化，越来越趋向于现代感更强、定位更时尚，且具有文化品位的家具。而这时我经营的板式家具，销售额逐渐下滑，经营步入困境。2001年，经过调研，我发现斯帝罗兰沙发产品在市场上很受欢迎，可以说斯帝罗兰沙发是我和这个公司合作的最初见证，同时我也认识了在中国家具界声名鹊起的周子鹏先生。因为双方经营理念十分吻合，还有对市场的准确把握，凭借自己的优秀团队和执著精神，我们开展了长期合作。从此，便改变了我一生。

专业做单一品牌是成功的关键

记者：经过短短的数年经营，您现在已经是斯帝罗兰中国区代理商的销量冠军，并且保持至今，请问有什么成功秘诀？

吕总：其实很多人只看到了成功的一面，没有看到成功背后真正付出的是什么？如果说要谈经验的话，我认为专业做单一品牌是经营成功的关键。如何理解呢？首先，精力、资金、时间可以全部投入到一个项目当中；其次，经销商与企业的沟通互动更为深入便捷；再次，销售团队对品牌和产品的了解更为深刻，培训也更为科学；最后，对品牌文化和理念要有准确把握，做好客户服务的每一环节。这是专业做单一化品牌的优势所在。

上统广州、挥军珠三角、中定华南

记者：金富士公司一直以来都在重点扶持优秀的品牌经销商做大做强，您能不能为我们介绍一下你们现在的发展规模和下一步的战略目标？

吕总：经销商的发展当然是与公司同步的。通过这几年的稳健发展，我们广州摩登从芳村的第一家金海马店开始，到现在已经发展到拥有 12 家斯帝罗兰品牌店的市场规模，年销售增长率保持在 50%以上。从 2007 年开始，我们已经将发展思路定位在珠三角地区，先是在肇庆和东莞开了两家分店，接下来准备在江门简爱家居开一家，这将是斯帝罗兰在中国二级市场开设的首家品牌标准样板店，样板店将于 5 月 1 日隆重开业，各项庆典策划正在筹备当中。通过样板店的建立和多店连锁的方式，将店面辐射和复制到整个广东市场。我们的目标是：5 年之内在广东市场建立 C&C 和斯帝罗兰专卖店共 50 家，销售额超亿元。

细心与坚定隐藏的经商哲学

记者： 每一个成功者的背后，都有他独特的一面，从您的言谈举止间，我们感觉您是一位独特的"儒商"，正是您这样的个性，创造了斯帝罗兰中国品牌代理商终端销售神话。您是如何看待的？

吕总： 其实我是一个实实在在做人的人，做事情比较细心、坚定，谈不上什么管理哲学，只是觉得不断学习才能进步。我是真心愿意与斯帝罗兰一同承担风险，也非常乐意与合作伙伴一同分享成功的。值得庆幸的是：我们拥有一支斯帝罗兰销售"鹰之队"，是团队使我的梦想能像鹰一样自由飞翔，目标像天空一样高远，行动像雄鹰一样果断出击。只是通过大家的努力，才建立了比较优秀的斯帝罗兰品牌终端销售系统，把更多、更好、更符合时代潮流的斯帝罗兰产品推向市场。

未雨绸缪创未来

记者： 为进一步加强厂商的强强合作，我们想听听您的好建议。

吕总： 斯帝罗兰在业界和经销商心目中的关注度是比较高的，是一个非常优秀的品牌，知名度和口碑都很好。2008 年是我们发展的关键之年，也是企业品牌的崛起之年，我们希望企业在终端品牌宣传方面多下工夫，进一步提高企业的运作效率，在生产、配送和售后服务方面要不断加强。同时，双方要增进沟通与互信，保持更好的合作。我们相信，只要双方共同努力，我们的发展定会如虎添翼。感谢企业对我们的长期关注和支持，我想我们未来会做得更好！

第三十五章

让孝亲、感恩成为企业品格

在斯帝罗兰，老板周子鹏的"孝顺"，是大家一致公认的。他对父母亲的尊爱孝敬、感恩图报行为，其实已成为该企业颇具特色的一种文化、一种品格。

这些年来，每逢父亲周文辉生日这一天，周子鹏都要盛邀国内外嘉宾前来一起庆祝，场面称得上"盛况空前"。他甚至将此作为金富士的一种"企业行为"，利用与企业有关的人脉，比如经销商、供应商、合伙人等，动用员工参与接待服务和欢庆活动，生日宴席盛开近百桌，让大家欢聚一堂，开怀畅饮、畅叙，欢歌热舞，不拘一格，充满着浓郁的人情味儿。每当这时，周子鹏总是和太太萧菲等家人一道，恭恭敬敬地把父亲请到宴会主席台上，举杯向父亲祝寿，同时，他还会答谢全场为父亲祝福的友人，并借此时机，感谢所有为金富士努力工作和给予支持帮助的人们，也就是对家庭、对事业、对社会——感恩。周子鹏这样一直坚持了10多年，而每次父亲"庆祝生日"的仪式，甚至都比庆祝金富士生日大庆还要隆重、热闹。

笔者于2005年参加过这一庆典，周子鹏把宴席设在高明银海酒店，把晚宴场地全包了下来，宴开百席。时值秋季三大家具会展期间，金富士提前把这一庆典请柬发给全国各地经销商、供应商等嘉宾。众嘉宾对此早已"心领神会"，因为早年来金富士已将此"庆典"作为一种例牌性的"欢聚日"，一边与周子鹏家人分享天伦之乐，一边分享与之合作的共赢之乐，把

图 35-1　金富士协办中国家具界"2007 感恩之夜"

图 35-2　每逢父亲周文辉（左一）生日那天，周子鹏总是邀请国内外友人一同前来举
杯畅饮，同享天伦，这其实已成为金富士颇具特色的一种企业文化

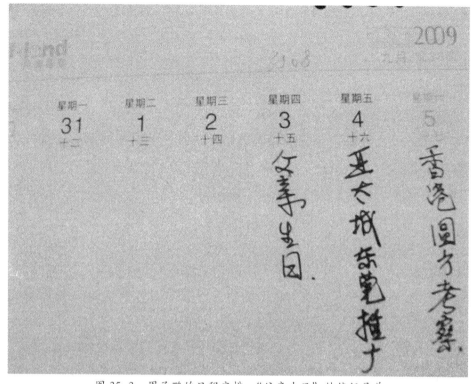

图 35-3　周子鹏的日程安排："父亲生日"赫然记录着

家庭与事业融汇在一起，享受一次大爱的"洗礼"，乐也融融，颇受众人欢迎。山西大同的经销商老吴说："你看他对父亲这样孝顺，哪有对大家不好的道理？一个对父母有孝心的孩子，肯定对世界都有爱心，我当初做他的经销商时，曾住过他办公室的，这是个有情有义的老板，一直乐意带着我们挣钱，我们是感激他的。"

　　为什么周子鹏能做到"君臣有义"、"朋友有信"？答案其实也简单。《孝经》曰："夫孝，德之本也"，"立身行道，扬名于世后，以显父母，孝之终也。"孝，是五伦关系的原点。人来到世界上，父母的恩德最大，知父母恩、感父母恩和报父母恩是自然而然的孝亲过程，是做人的大根本，这也是古人所说"亲亲为大"的道理。《弟子规》是一本童蒙养正的经典，教我们做人"入则孝"。一个真正懂得孝亲的人，都会有一颗感恩、诚敬之心，也会重恩义、重情义、重道义，而非唯利害、唯得失的价值观。唯有首先孝敬父母、亲爱兄弟，才能对他人自然生出敬爱之心，这也是古人所说"忠臣出孝子之门"的道理所在。用孟子的话说就是"亲亲而仁民，仁民而爱物"。一个人对人的感恩心从感父母的恩德生起，对他人的仁爱心也是从爱敬父母开始。之后，这般情怀得以延伸，对他人、对事业、对团队、对民族、对国家有爱敬、存诚敬，是水到渠成。像周子鹏如此唯德重孝者，倘若我们能与之共事同处，则此生之大幸也。

周子鹏曾因母亲的不幸离世感到终生抱憾，其实这事与他并没有任何"牵连"或责任，纯属一种不可逆转的厄运。那是 1997 年 10 月，母亲突然脑出血，她一向身体很好，从不吃药，也不检查，不知道自己之前患上高血压，按周子鹏说的是"母亲对自己的身体太自信"，就这样，一瞬间就被无情的病魔夺走了生命。这事对他打击很大，震撼也很大。

周子鹏回忆说：母亲对我的人生影响最大，她很自强，我看不到有任何困难能难倒她的，这点性格我有点像她。她是家中的老大，下面有 8 个兄弟姐妹，她很小就能分担父母的忧愁了，可惜没能多读点书，但就是这样，在她工作的供销社，大家都很尊重她。她对我小时的教育，都是言传身教，潜移默化的。记得初二时放假，我和几个同学到野外打小鸟，回来后把小鸟烧烤来吃，这事被母亲知道了，被她拉回家狠狠揍了一顿。母亲说："你知不知道，你做这事伤天害理哩，你打的小鸟，它原来有一个家的，假如这些都是它们出外找食吃的父母，但被你打死了，那家里的小鸟都要全部饿死的，那就毁了人家一家啊！"母亲说完，也抱着我哭了起来，她是个性格很坚强的人，但提起小鸟的一家，却伤心到这个程度，也就是说，是我让她伤了心。从此，我再不会去打小鸟，也不敢去做伤害大自然生物之类的事情。其实母亲人很善良，很正直，她当供销社售货员，人际关系很好，是乡亲们公认的模范母亲。她教育我的方法与别的母亲可能不同，她很宽容，很平等，不用自己的想法代替你，不强求你考多少分，得第几名，你健康成长就行，你喜欢干什么就干什么，但你得对自己的行为负责。虽然每个父母都望子成龙，但母亲从不代替我定什么目标，做什么事业，或者让我接替父母的班，她尊重我的选择。比如高中毕业后，我想先出社会锻炼，到舅舅的厂去打工，母亲支持我，三年后我决定出来自己办厂，母亲同样支持我时候，她看得出我肯定 OK 的，平时我做什么，她都百分百支持，反而父亲会有反对的时候。开厂时要借钱，她到处找亲戚朋友借，找家叔借，帮我筹集到 9 万元，尽力帮助我。就这样一个好母亲，一个最支持我的人，也是我最尊敬的人，突然间就走了，使我感触很深。正在我事业要大发展时，母亲的去世，让我改变了许多。有感于母亲没福享受，我要对家人更好一点，对该用的钱都敢花了，那几年我花钱很多，起了一间工厂，买了一辆宝马，建了一幢别墅，人家买一块地皮起一幢，我买两块地皮起一幢，大过人家一倍，随后又兴建起时代广场。我的想法就是，要善待自己、善待家人、善待公司、善待一切与自己相处的人，也就是要善于感恩、报恩。作为晚辈，真正的孝亲，一是要养父母之身，二是要念父母之心，三是要承父母之志。孝亲使人形成感恩与诚敬的人生态度，人生态度决定执业态度，执业态度决定职业命运。

这便是周子鹏对"孝亲"行动的注解。从个人的感恩、报恩，说到人生态度、执业态度以至职业的命运，也就是涵盖了一个人的一生。所以，难怪周子鹏在这方面一向的虔诚与坚持了。

我们经常说，客户是"衣食父母"，这也就包含了对客户的感恩心，渗透着孝亲精神。假若我们每一位员工，都抱有一颗对客户视若父母的感恩之心，对企业视若父母的感恩之心，让"感恩"、"孝亲"时时刻刻伴随自己一起成长，从而又在行动上自然而然表达出来，那么，他的职业态度就称得上是真正的敬业了。

华人首富李嘉诚说："我首先是一个人，再而是一个商人。"这话道出了做一个成功商人的秘诀，其实却是一句大实话。媒体记者访问李嘉诚，都会问及如何才能成为一个成功的商人，而李嘉诚的上述回答基本上是标准答案，他说，尽管公司管理流程是按照西方的，但是中国人的企业自然有中国人的精神：诚敬、懂得感恩，重视信用，富有人情味等。中国文化的润泽、企业德行和个人修养的忠良，正是李嘉诚事业发展的不竭源泉。

北大方正董事局主席王选与李嘉诚的说法如出一辙，他认为：做一个好人是做好一切事情的前提，什么叫好人？季羡林先生曾说过，"考虑别人比考虑自己更多就是好人。"根据现实情况，这一标准还可以再降低一点：考虑别人与考虑自己一样多就算好人。

周子鹏便一直在默默地做着好人，他把自己孝亲感恩的品格带进他的企业，用考虑别人甚至比考虑自己还多的心思来对待自己的事业，他要把金富士办成一个"大家庭"，但他说自己不是家长，而是家庭中的一员，他要尽自己的能力，为与自己一起为这个家奋斗的 2000 多名兄弟姐妹做好服务，多为他们考虑，多感恩报恩，以共享"天伦"之乐。同时，他一直感恩于每个与自己合作或合作过的朋友，他说自己能有今天，全得益于社会各界的支持和帮助，他会牢牢记住每一个帮助过自己的人。他还说自己有一个好的特点，就是记得住欠着别人的每一分钱、每一笔账，而别人欠自己的，则是最容易忘掉的，从不进脑子的。

　　这就是周子鹏做人的成功，而做人的成功，造就了他事业的成功。

第三十六章

更注重的是精神的延续

2009 年盛夏的一个午后，阳光很猛烈。

在金富士集团总裁室，周子鹏把冷气调好，利用这个午休时间，与笔者一起品茗、聊天。

谈起家人，谈起两个宝贝儿子，一脸阳刚的周子鹏总是柔情似水。作为一位父亲，其陪伴孩子成长"更注重的是精神的延续"的做法，同样不失为一种典范。

对孩子、妻子的话语，下面就听周子鹏娓娓道来……

有一年，我们夫妇带两个孩子出去旅游。大儿子当时 8 岁，小儿子 3 岁。在九寨沟黄龙风景区，那山有 3000 多米高吧，小儿子有点发烧，我背他上山，下山时，快到目的地了，我放他下来玩，他不肯，我逗他说："你追到我，我就背你。"在树丛中，他追了几步，不肯追了，哭，拿起石子扔我。他哥哥见了，连忙上前抓住他，代我教育弟弟："爸爸背你半天了，你仍要追着爸爸去打？"小儿子说："谁叫爸爸不肯背我了？"哥哥说："爸爸背你这么久了，你还要爸爸背，走一下就发脾气，还要跟爸爸计较？要计你三世都计不清债！"这是我大儿子对小儿子的一次说话，我和太太当时听了，都很惊讶，也感到安慰，大儿子虽然平时话不多，但思想行为从小就很成熟，他说这话时，应该还未到 9 岁，才 8 岁吧！

图 36-1　在庆祝父亲生日的晚宴上，一家四世同堂让记者留个影。此时，已经做了 10
多年父亲的周子鹏，一脸灿烂地用胜利的手势扶着小儿子，护犊情深。后排
站立着他的三位叔叔，他们一向支持侄儿周子鹏的事业，并引以为荣

　　我最注重孩子的人品，他们的学业、成绩，我并不一定很看重。两个
小孩都很低调，从不炫耀，生活上也很节俭。之前，小儿子很喜欢喝那种
叫"葡萄适"的饮料，待到他自己去超市买时，知道是 7 元，那么贵。自
从那次之后，我们买回来的"葡萄适"，他不饮了，给钱让他买时，他也不
买"葡萄适"了。其实他是最喜欢这种饮料的，但他认为太贵了，不买。
大儿子更懂事，他花了 2.5 元买回一瓶"脉动"，作出很喜欢的样子说：
"你看，这个这么便宜，量又大很多，抵食啊，我现在喜欢饮这种！"过后，
我私下里问小儿子："你说真话，'葡萄适'和'脉动'哪个好饮一点？"小
儿子说："'葡萄适'好饮。"我问："怎么你不饮？"他答："哥哥会骂的。"
有次这饮料降价，我专门买回一箱，问小儿子："你怎么不饮呢？"他说：
"哥哥会骂的，说是浪费，不可以的。"我拧开一瓶，饮了一口，交给他他
才饮。

　　大儿子很懂事。他在广州上学，现在接送他，他不同意了，说："爸明
天还要开会，这么忙，不用送我啊！"他很节俭，也以身作则把小弟弟带

好。我们家餐厅与客厅分开，每次吃饭，他们会先把客厅的灯关好，空调关好，两个孩子都是。洗手时，大儿子总是先开水龙头洗湿手，然后立即关水，用了洗手液后，再开，不让水一直流着，不肯浪费一点水的，从小就养成这种良好的习惯。

2009 年，14 岁的大儿子，在生日前，他有想过要我们送他一部手机作生日礼物，他说有些同学已有手机了，而他一直在广州，相隔这么远，与我们打电话联系也方便一点，他妈妈也答应送一部手机给他，最后我说："现在你还没必要有手机，怎么说呢？打游戏机，家里有电脑（电脑开机是有时间性的，设密码，只有保姆知道，限制，以前是不准打的，星期六、日回家，可玩一阵子电脑）。我说，你在学校是不用打电话的，学校与住地这么近，有事可叫保姆阿姨打给我，你现在还用不上，如同学有，只会妨碍他的学习，平时发信息、上课玩游戏，会影响学习的，要手机有什么用呢？你到高中，懂事了，懂得手机的功能了，再买给你。14~18 岁，正是立志的阶段，你这些都不要去想了。"

他到现在 14 年来，一分零用钱都不要。我说："你有时打球，出汗，要买支水饮的，备着有用。"他说："不用，学校离住地这么近，回去喝点水就行了。"

小儿子会逗人高兴。有年暑假去日本旅游，我在出发前只准备了两样东西给他：一是一点钱，二是我的卡片，上面有电话、地址。在他从日本回来之前，我给他点钱让他买点礼物送给同学。他需要买好几份，比如要买一份给同学，另一份要送给他哥哥同学的母亲，就是照顾他们生活的阿姨，但他觉得钱不够，在挑选礼物时，一边自言自语：唉，这些这么贵，唉，这些也贵。就是不敢提出要我多给他一点钱。我说：你说不够钱我补给你啦。他不买给自己的，为难了，叹气了，也不敢向我提要求。

大儿子喜欢打篮球，学校的场地有限制，同时也讲求叛逆吧，父亲喜欢足球，他便喜欢篮球，哈哈。说起来，我有点遗憾，就是与大儿子最好的沟通阶段已经过去了。因为那时办厂太忙，他 3 岁时，送他去祈福外语学校读书，小时候是我妈带的。妈走了后，就送他去读书，因为太太也在公司工作。他很小就独立了，有一次我们下车去买饮料，他一个人坐在车上等，就懂得在里面关上车门锁，很有安全意识，幼儿园时就具备了。

　　小儿子比他小 5 岁，从小就与我们多沟通。有一次"五一节"旅游，两个小孩都不想跟家长一起，他们要跟别人一起去。小儿子当时有感而发："湘姨（保姆）惨喽。"我问他怎么惨，他说："湘姨又生了一个女孩子，以后这些女孩嫁人了，几十岁后没人看她了。"我说："我们现在更惨，这个时候，叫你陪我们去旅游都不肯。"小儿子便安慰说："不是不是，那我陪爸妈好啦，我向哥哥请假算了。"

　　我太太一直跟我开公司的，每个孩子出生前，她都还在工作，一直做到分娩为止，不像一些孕妇，早早就休息，一般都是等子女长大后才出来帮老公。我夫妻俩都是事业型的。我太太做事胸襟很开阔，比如我对客户的奖励等，她从不反对，有些老公敢想，但要看老婆的面色。对员工的福利呀，她什么都能想到，很有人情味。我出来创业借岳父 10 万元，第一年就返给他啦，借舅父 10 万元，自己有几万元，家叔几个又借一些，是母亲向小叔和二叔借的。其实第一年也可以还舅父的钱的，但见舅父不缺钱，就推到第二年了。借了钱，就及时还。我做人有个准则：借人家多少钱，是记得的，整日都睡不着觉的，而人家差我多少钱，是不记的。

　　在孩子的成长中，我更注重的是精神的延续，我希望将父母留给我做人的东西，同样留给我的孩子，那就是勤奋、自信、谦虚及节约的精神，这才是真正的财富，是多少钱都买不到的财富。

第三十七章

成功是成功者的通行证

周子鹏人生中的第 12 个中秋之夜，圆月中天，银光如水。

这个中秋节，周子鹏与小伙伴们约好，用一场足球赛来欢度节日。这是他喜爱踢球半年来第一次的正规"比赛"，他们特地请来体育老师当裁判。

那是一场"七人足球"赛，周子鹏仍然是充当前锋队员，结果，他本人打入了一个制胜球，本队以 2：1 战胜对手。他与小伙伴抱成一团，像极了大哥哥们在场上庆祝胜利的模样。

他第一次享受到了"成功"的喜悦。

在一侧的水乡茶居，周子鹏和小伙伴们边饮凉茶边尝月饼，旁边的录音机正在放着一首粤语歌曲，歌声恍似潺潺流水，缓缓地流淌着，带点沙哑的男声，没有特别高亢的音调，像在轻轻地与你倾诉，又像友好地对你叮咛，但一次次重复的那句歌词，却让周子鹏精神振奋："……成功需苦干；成功需苦干……"

想到自己一年多来痴迷足球，勤学苦练，终于有了今日"正规比赛"的胜利，周子鹏听来倍感亲切：是的，成功需苦干，只有苦干，才可能成功。周子鹏连忙上前请求茶居老伯，要借这盒带子回去翻录，他喜欢里面的那首歌。

这是当下正在走红的中国香港歌星谭咏麟唱的《成功需苦干》，周子鹏原来就是"谭校长"的追星族,而当晚在成功拿下自己的第一场足球赛时,听到偶像的这一首歌,感到十分切合自己当时的心境。

图 37-1　金富士第八届企业运动会的长跑比赛

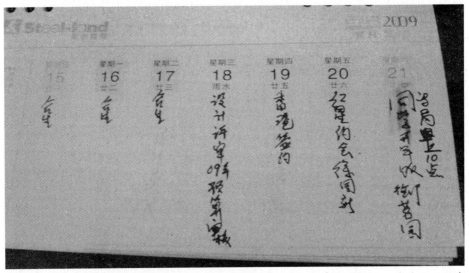

图 37-2　这是"随机"从周子鹏大班台上拍摄下的 2009 年 2 月的周历,看看周子鹏在上面留下的每天自己要参加的活动记录,你就会明白他成功的秘诀在哪里

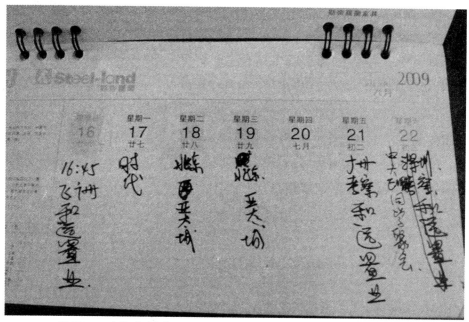

图 37-3　这是"随机"从周子鹏大班台上拍摄下的 2009 年 8 月的周历

图 37-4　在金富士第八届企业运动会上，获得长跑决赛冠军的周子鹏，正准备进入最后的冲刺

　　很快，周子鹏便学会唱《成功需苦干》这首歌，并把歌词当成自己的座右铭，抄下来贴到自己书房的正壁上。他说，每当自己做作业或看书疲累倦怠时，稍想偷懒，一抬头，那上面一行行激励的文字，便化作一串串激越高昂的音符，恍若一阵阵密集的前进鼓点，敲打在自己的脑子里——

> 愿抱稳宗旨咪谋望
>
> 不必怕失败引起不安
>
> 纵有困惑迷茫
>
> 亦必须自信
>
> 能找到方向
>
> ……
>
> 望远方安心奔往
>
> 只要尽努力
>
> 尽清去路障
>
> 成功需苦干
>
> ……

　　于是，他就又有了干劲和兴趣，继续看书学习下去……

　　谭咏麟的歌声，谭咏麟的《成功需苦干》，从这个 12 岁的季节开始，紧紧地陪伴着周子鹏，以至今日，成为周子鹏追求"成功"、乐在"苦干"人生的精神原动力，也成了周子鹏赢取"成功人生"的一个真实写照。

　　笔者这才明白，难怪每逢唱卡拉 OK 或参加联欢活动等场合时，周子鹏最爱唱的歌便是《成功需苦干》！

　　记住"要成功就得苦干"，周子鹏从小就用行动来走向今日的成功，他一边读小学一边参与社会的"创造"：钓鱼去卖换取家用；自己钉台球桌用来出租；骑单车装着雪条串村走巷叫卖；假期总是选择做最苦最累的泥水小工，为的是能磨炼自己，同时也可以挣到更多的钱。及至高中毕业，就开始打工生涯，吃住在工棚，从最底层工种做起，同时做几份工作，每天工作近十七八个钟头；热爱学习、追求知识，拜能者为师，学会各种生存本领和生产技能，苦干三年后便自己做自己的老板；在踏上创业之路后，更是"搏到尽"，就如同他爱说的一句"口头禅"——我不知道自己每晚几点钟睡觉，但我一定知道自己每天早上几点钟起床……

　　为了激励自己，周子鹏曾自拟了一篇"通俗易懂"的警句格言，题名叫《成功之路》，然后让人书写成横幅，悬挂在时代广场他的办公室墙壁上，以此为鉴，每日三省其身。笔者对此颇感兴趣，诵读过后，发觉其中体现成功之道的要素便是"勤奋"加"苦干"，这也可见周子鹏一向的奋斗宗旨。

　　周子鹏很是佩服中国香港著名财经培训师冯两努，因为冯两努就是靠努力、苦干才取得成功的。据说"两努"二字是他后来取之激励自己的，意思是：要成功就得要两倍的努力。那一次，周子鹏参加冯两努举办的一期总裁培训班，冯两努从众多总裁中了解到这位年轻的总裁与自己的人生信念十分相近，有感于此，结业那天，冯两努特意以此含义作题词，送给周子鹏："天道酬勤"。

　　然而，周子鹏对"苦干"的概念却有着自己独到的解读，那便是："首先你要去喜欢你正在做的这件事情，从而用激情和快乐去享受它，尽管后来换取成功的过程很苦，但其实你已经乐在其中了。"

　　也就是说，一个人要取得某方面的成功，首先必须对这方面喜欢、热爱、投入，而且是用一副"享受"与"快乐"的心境去对待它。

　　周子鹏认为，争取成功的理由是：你觉得自己有必要这样做，而自己又适合这样做，并且觉得自己在这方面有天赋，然后是带着快乐和享受的心态去对待它。

　　在周子鹏看来，如果你在工作上花费很多时间却并不能让你拥有快乐与激情，那么无论你怎么努力，你都不会成为真正的成功者。因此，从一开始，你就必须问自己：我是否在做正确的事情？我是不是乐意在我的工作上投入一生？它让我享受吗？让我感到满足吗？如果答案是肯定的，那么这就是穷尽你一生精力也情愿的最佳选择，而且到头来一定会为你带来成功的喜悦。

　　无论你做什么，主动去做，尽力去做，把它做得尽可能的好，并享受个中的乐趣，那么，你就是成功了。周子鹏就是这样享受着自己喜欢的"足球人生"和"家具人生"，所以，他能在苦苦追求的过程中，不断创造和超越自己的"成功"。

　　其实，这才是一种大写的成功。

2010 年 8 月 3 日脱稿

于广州阅海屋

附录一

寻找中国家具原创力量
——周子鹏对话媒体

　　在广州第 20 届国际家具展上，金富士集团品牌阵容强大，推出了数十款新潮原创性产品，一时惊艳展会，成了搜房网、搜狐网及香巴拉家装网等媒体采访报道的对象。香巴拉（家装门户网站）媒体记者，对金富士集

附图 1-1　2007 年 1 月家具导刊专访斯帝罗兰首席执行官周子鹏先生

附图 1-2　周子鹏答香巴拉记者问

团首席执行官兼总设计师周子鹏以及 C&C 品牌经理叶良洲进行现场采访的实况播出后，网民反响十分热烈。

香巴拉：周总，您好！我们想请您先介绍一下金富士集团旗下的两大品牌的风格，有哪些特点？

周子鹏：我们公司产品有两大品牌，其中一个叫斯帝罗兰Steel-land；另一个品牌叫 C&C，是金富士集团打造的全亚洲最高档的客厅家具品牌之一。

香巴拉：金富士集团的产品是否主要以客厅沙发和茶几系列为主呢？

周子鹏：我们的系列品牌体现现代时尚生活，它们是专门为30岁以下年轻人而设计。

香巴拉：你们的产品主要是针对二三十岁的时尚人士设计的，那么这个年龄段消费者的整体收入水平和消费能力如何？

周子鹏：产品设计特点符合现代人的消费要求。也主要是面对高收入的人群，例如老板、总裁、经理；这些人追求高品质的生活，而且收入水平相对偏高。

香巴拉：你们的两大品牌都属于高端的家具产品，面对市场的激烈竞争，可能大众消费者对金富士集团旗下品牌产品的生产、市场情况不太了解，还请周总介绍一下。

周子鹏：第一，我们的每一件产品都是自己原创的；第二，我们的每一件产品都受到知识产权的保护；第三，我们的品牌从整体的设计形象到每一件产品的材料应用都是最新的、最好的，材料是从世界上最好的工厂进口的，是市场上一般的工厂所不能及的，所以其他的企业跟我们竞争起来还是有一定的距离。

香巴拉：谈到产品原创、知识产权保护问题，我们经常听到企业之间互相抄袭的行为，那么怎样才能保持自己企业的原创产品呢？请问你们是如何看待这个问题的？

叶良洲：作为一名设计师，我们从学校毕业出来，针对产品在设计上一直就是坚持中国的原创设计思想，我们斯帝罗兰和 C&C 产品在国际上都有一定的知名度，因为我们是原创设计，而且在组合等多方面都达到一定的完善，我们是追求完美的。

香巴拉：我们了解到很多的企业都聘请到德国、意大利等外来的设计师，本土的设计师只占很少一部分，金富士集团的实际情况是怎样的？

周子鹏：其实我们的设计师全部都是中国的设计师，但我们的设计师在很多年以前都曾到德国、丹麦等地进行学习，我们在产品开发前也都会根据所学习到的东西经过消化，再去融入中国的生活把产品设计出来。

香巴拉：从周总的简短发言我们能够体会到金富士集团品牌经营的诚恳与真诚度，我们不用特意去强调我们的设计师是德国或是意大利，我们承认我们的设计力量全部是本土的，重要的是我们不断学习到西方一些先进的东西，再融入到我们产品的设计，从而设计出的家具产品能够达到国际化水平，这才是最重要的。

周子鹏：对，是的。

香巴拉：现在金富士集团在国内的市场规模情况如何？

叶良洲：我们公司在全国有近千家专卖店，只要有高档产品的家具卖场，就有我们公司的品牌产品。

香巴拉：想了解一下金富士旗下两大品牌的 LOGO 及含义是怎么定义的？

周子鹏：先讲一下我们的斯帝罗兰品牌吧，斯帝罗兰 Steel-land 本身是意大利传统家族的姓氏，英文直译就是钢铁的意思。所以在家具设计里都融入了大量钢的元素；另外一个品牌英文名叫 C&C，即 Create Color，它的意思是为人们创造更好的生活色彩。我们公司的 LOGO 设计特点是简洁明了，无论是看还是读都能够让人记住不容易忘记。

香巴拉：据我了解家具展一般分春季和秋季两季，春季一般针对外销的客户多一些，秋季针对内销的多一些，那么您对展会的这种模式是如何看待的呢？

周子鹏：所谓一年之计在于春，我们每一年都会把一年里整体的发展思路、新产品的发布会走势通过春季展展示，秋季展我们会把今年终端展示的形象去跟经销商进行更多的探讨与分享。

香巴拉：想请两位对未来家具产品的发展趋势进行一下预测。

周子鹏：从我个人角度来分析，未来家具的设计越来越趋向自然与环保。

叶良洲：刚才周总从材料上讲是追求自然与环保，我从设计理念上来讲，未来的趋势是配套性和整体性更为成熟，更注重产品原创和品牌文化。

香巴拉：谈到环保，我想问一下你们公司是如何做到环保这一环节的呢？

周子鹏：环保是指产品的制作原材料是否是用合格的、环保的原材料做成的。例如我们公司用的皮料是用天然的植物油提炼出来的，水源经过处理之后甚至可以用来养鱼。

香巴拉：关于产品的售后服务你们公司是怎么处理的呢？

周子鹏：我们每卖出去一件产品，都会对客户进行周到的售后跟踪服务，针对消费者提出的意见，进行相应的修改，直到消费者满意。

香巴拉：借此机会，我们想请教一个问题，目前的家具产品分类很多，据消费者反映，很多厂商利用包实木木皮的方式把板式的产品制作成实木的产品误导消费者，然后以实木产品的价格卖出去。对于这种情况怎么提醒消费者防范？

周子鹏：一件家具产品，我们不能用它是实木材料还是板式材料来衡量它的价格，关键是产品的材料的质量如何以及产品是否达到我们生活的需要和生活品位，产品是否能够把设计理念与设计灵魂体现出来。

叶良洲：我们所有产品都达到国际化检验标准，释放的有毒气体会低于国际标准 1/3 以上，可以说我们的产品是独具一格的。

香巴拉：就是说，不管是实木家具也好，板式家具也好，重要的是产品是否能够做到环保，并能够体现我们对生活的品位。最后我想提个问题，在本次展会上，我们预期达到的目标是怎样的？

周子鹏：通过这次展会，我们想请经销商对我们现在的产品给予方向性的指导，也希望今年的产品能够在今年冬季做好。

叶良洲：我们的所有产品都是一种生活理念与设计方向，通过本次展会，希望我们的产品能够得到广大消费者的认可。

香巴拉：通过与两位的谈话，让我们看到了中国家具的原创力量，使消费者了解到了斯帝罗兰和C&C两大品牌的设计理念，也对金富士集团的品牌经营思路有了更深入的了解，非常感谢两位的配合，谢谢！

周子鹏：谢谢！

附录二

盲目创业换经验是负债
——周子鹏对话大学生

一

2007 年 5 月 18 日，由中共顺德区委宣传部、共青团区委、区文明办主办，顺德青年企业家协会、顺德职业技术学院团委承办的第四届科技节开幕式暨"非常对话·踏上成功路"活动在梁铫琚礼堂举行。

周子鹏与顺德 7 位青年企业家代表被作为演讲嘉宾，围绕"踏上成功路"这一主题，就"怎样的人士才算得上是成功人士"、"成功的心得"、"怎样走好迈向成功的第一步"等问题，结合自己的创业经历，与在座的学子分享了创业的辛酸，畅谈踏上成功路的酸甜苦辣，感悟人生历程，告诫学子要建立正确的人生观和价值观。诚信待人，明确自己的人生目标，把握机遇，不断学习完善自己，提高自身的综合素质。

周子鹏与学生们分享了："如何培养自己的兴趣"、"如何为以后的成功路做好铺垫"等心得体会。周子鹏劝喻学生们：要理性对待，要珍惜机会，争取成功的理由是：你觉得自己有必要这样做，而自己又适合这样做，并且觉得自己在这方面有天赋，然后是带着快乐和享受的心态去对待它。凡是要取得成功，都需要苦干加智慧，就像一句歌词说的：没有人可以随随便便成功。只有付出自己的努力，才能走出属于自己的成功之路。

二

2007 年 8 月 7 日，由龙江镇团委、大学生联谊会主办的"情暖万家·幸福顺德——2007 义工服务进村居"系列活动之"和谐龙江，青春领航——与青年企业家对话"，在龙江镇镇政府大楼会议厅举行。

周子鹏作为当代成功青年企业家，被邀与另外两位龙江镇青年企业家一道，参与和该镇 200 多名在校大学生的面对面交流，讲述创业故事，交流成功心得。

大学生们对金富士企业把家具与足球运动两者完美结合起来，形成的一种独特的企业文化很感兴趣，周子鹏逐一作了精彩的讲述，博得现场一阵阵的掌声。

参与活动的大学生想从中了解企业的运作、需要人才的种类等问题，尤其对如何对待创业、就业比较关心，"为什么当今大学生就业难？大学生是先就业还是先创业？"这些时下热门的话题，成了这次对话的焦点。

周子鹏对大家说，找工作首先做好人生定位，究竟是仅仅为了赚钱，还是为了做事业，这样对就业有很好的指导作用。

而对于大学生创业，周子鹏与另两位青年企业家的说法都有所保留。他们认为，创业是一个很复杂的过程，刚毕业的大学生没有经验，所以经营事业之前首先要经营好自己；先就业，吸收经验、学习知识、提升自我，然后再进行创业，成功率会高很多。

周子鹏还语出惊人地告诫大学生们：盲目创业换经验是负债，学习才是资产增值。

周子鹏以创业者的真知灼见，启迪了在座的大学生们，大家都说，这是在学校里难以接受到的最生动的教育，让即将走向社会，接受人生挑战的我们，受益匪浅。

附图 2-1 周子鹏（中）畅谈创业心得：盲目创业换经验是负债

附图 2-2 大学生参观斯帝罗兰家具展厅后依依不舍

附图 2-3 莘莘学子前来"斯帝罗兰家具学院"取经

附图2-4 周子鹏：凡是要取得成功，都需要苦干加智慧

附图2-5 华南理工大学实习生在斯帝罗兰